いちばんカンタン

つみたて投資の教科書

経済アナリスト
森永康平

あさ出版

まえがき

この度は『いちばんカンタン　つみたて投資の教科書』を手に取っていただきまして、ありがとうございます。本書は「これから資産運用を始めてみよう」と思っている投資未経験者の方や、「とりあえず始めてみたけど不安だ」といった投資初心者の方に向けて書いています。

私が投資を始めたのは今から15年前の大学生の時でした。その頃は一部の富裕層とデイトレーダーと呼ばれる個人投資家ぐらいしか投資をしていない印象がありましたが、ここ数年で一気に投資家の裾野は広がったように思います。

未成年でも投資をしている方を見かけますし、特に富裕層ではなくても投資をして老後資産を形成している会社員や公務員の方も多くいます。また、この15年間で金融商品も種類が増え、さまざまな投資スタイルが浸透していきました。

このような変化はすでに投資をしている人たちからすれば歓迎すべきことなのかもし

れませんが、投資未経験者や投資初心者には困ってしまうことかもしれません。

どの金融商品を選べばいいのか。どの投資スタイルを選べばいいのか。

選択肢が増えるということは、決める難易度が上がってしまうことでもあるのです。

その一方で、消費増税や新型コロナウイルスの影響もあり、私たちのお金に関する環境は悪化するばかり……。「人生１００年時代」が現実のものになろうとしているのに、本当に豊かな老後生活を送れるだけの資産を私たちは準備できるのでしょうか。

そこで、本書は**「将来に備えて何かしなければいけない！」**と焦る気持ちと、**「でも、何をすればいいのかわからない！」**という不安な気持ちに答えを出すべく、**「つみたて投資」という投資の王道をゼロから理解できるような内容にしてみました。**

詳しくは本書を読み進めていただければと思いますが、「つみたて投資」を始める前の段階から丁寧に書いてみました。「そもそも投資を始めるために、どこの証券会社や銀行を選べばいいのか」「証券口座をどのように開設すればいいのか」ということから知りたい未経験者でもこの1冊があれば始められるようにしたつもりです。

また、つみたて投資を語る上で外すことのできない制度である「ＮＩＳＡ（少額投資非課税制度）」や「ｉＤｅＣｏ（個人型確定拠出年金）」についても説明してあります。

制度の存在を知らなかったというだけで、投資で発生した利益が全て手元に入るのか、税金が約20%引かれた金額が手元に入るのか、という違いが生じてしまいます。ここは国がせっかく用意してくれた有利な制度を最初から活用しない手はありません。

また本書では、すでに投資に関する本を読んで、「なんとなく理解はできたけど、結局何を買えばいいのかわからなかった」といった人のために、具体的な投資信託も名前を挙げて紹介しています。しかも、これは金融機関からスポンサーを受けて紹介しているわけではなく、また、私の独自の観点から紹介しているわけでもありません。金融庁が一定の条件の下で選んだ投資信託のなかから、手数料や純資産総額など、初心者の方のために一定の基準を設けて選んでいます。これらの投資信託のなかから選んで投資をしたからといって、必ず儲かるということではありませんが、少なくとも「何を買っていいかわからないから、始められない」ということはなくなるはずです。

つみたて投資は、いかに早く始め、長く積み立てるかがとても重要になってきます。

本書を手にしたあなたはすでに投資の必要性に気づいているはずです。そんなあなたに、私は、**今すぐ資産を築く一番の投資法を選択し、資産形成を始めてほしい**のです。

私が日本でも金融教育を普及させたいと思いマネネという会社を起業したのが2018年。それから2年が経過し、少しずつではありますが日本における金融や投資に対する考え方も前向きなものに変わっていったと実感しています。

しかし、それでも未だに「投資は危険なもの」や「働いて稼ぐことが善であり、投資は悪」といった考え方をしている人は多いようです。私は本書が少しでもそのような誤った考え方を修正することができればうれしいと思っています。

普通に定年まで働いていれば、老後は安泰という時代であれば、投資や資産運用に興味がなくても問題ありませんでした。しかし、今はそういう時代ではなくなってしまいました。悲しいことに、**自分の人生は自分が守るしかないのです。**

本書がベースとなり、自分で働いて稼ぎつつ、稼いだお金にも投資を通じて稼いでもらうという好循環に皆さんが入れるようになれればうれしいです。

本書が「つみたて投資」という王道で資産を形成していく皆さんのパートナーになれることを切に願います。

2020年6月　森永康平

1 つみたて

相場が下落してもあわてる必要はゼロ!!それが"つみたて投資"

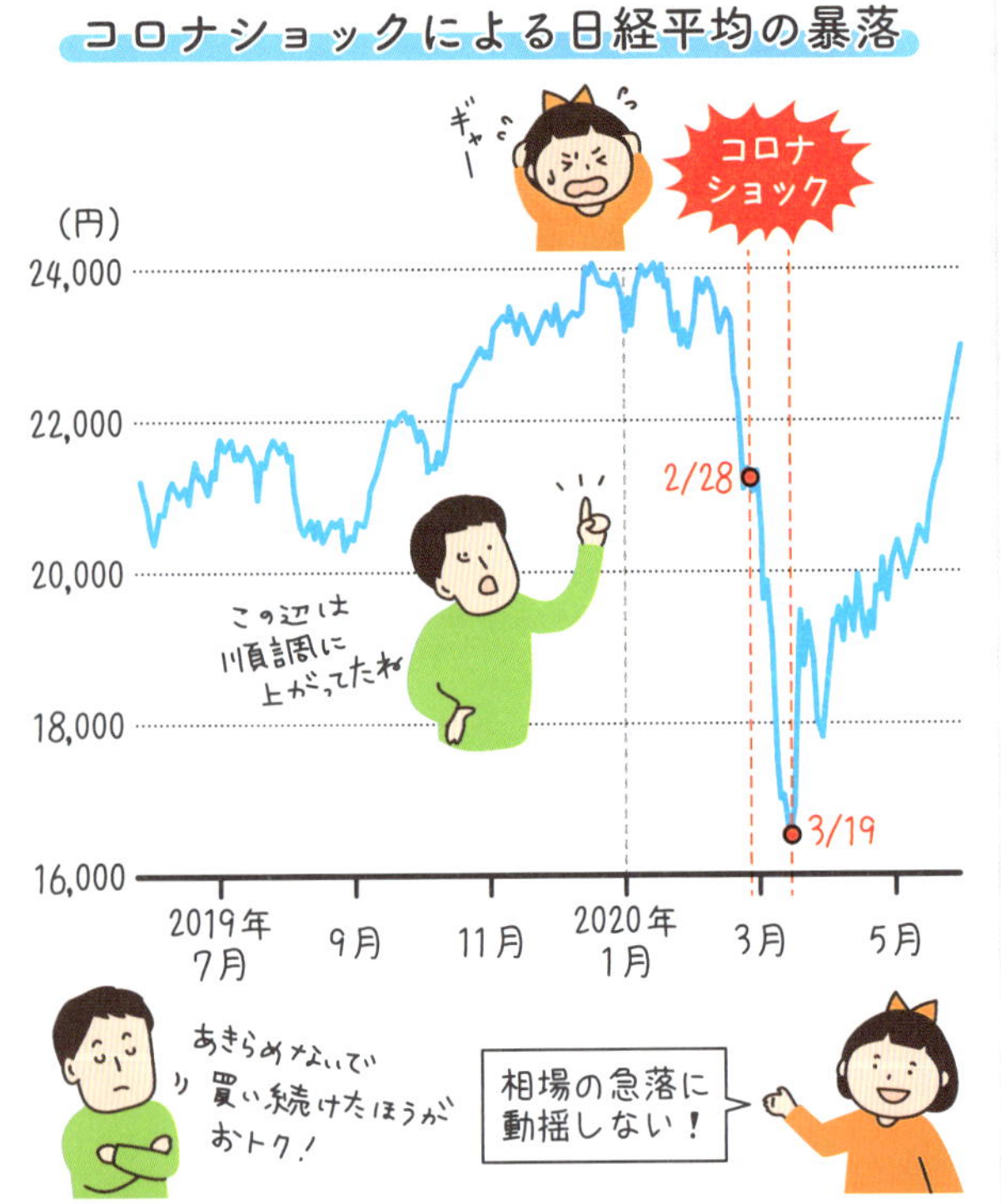

強烈な下落相場で個人投資家がとる最善策は?

近年、日本で投資の裾野が広がってきた要因の一つに、アベノミクス相場による相場環境の好調さがありました。しかし、2020年2月に相場環境が急変。**新型コロナウイルスの世界的な感染拡大に伴って、強烈な下落局面に突入してしまいました。**

最近、投資を始めた個人投資家はこれに驚き、着々と積み立ててきた投資資産を売却するケースも増えたようです。一方で、これをチャンスと投資を始める人も増加しました。なぜでしょう?

ドルコスト平均法による投資イメージ

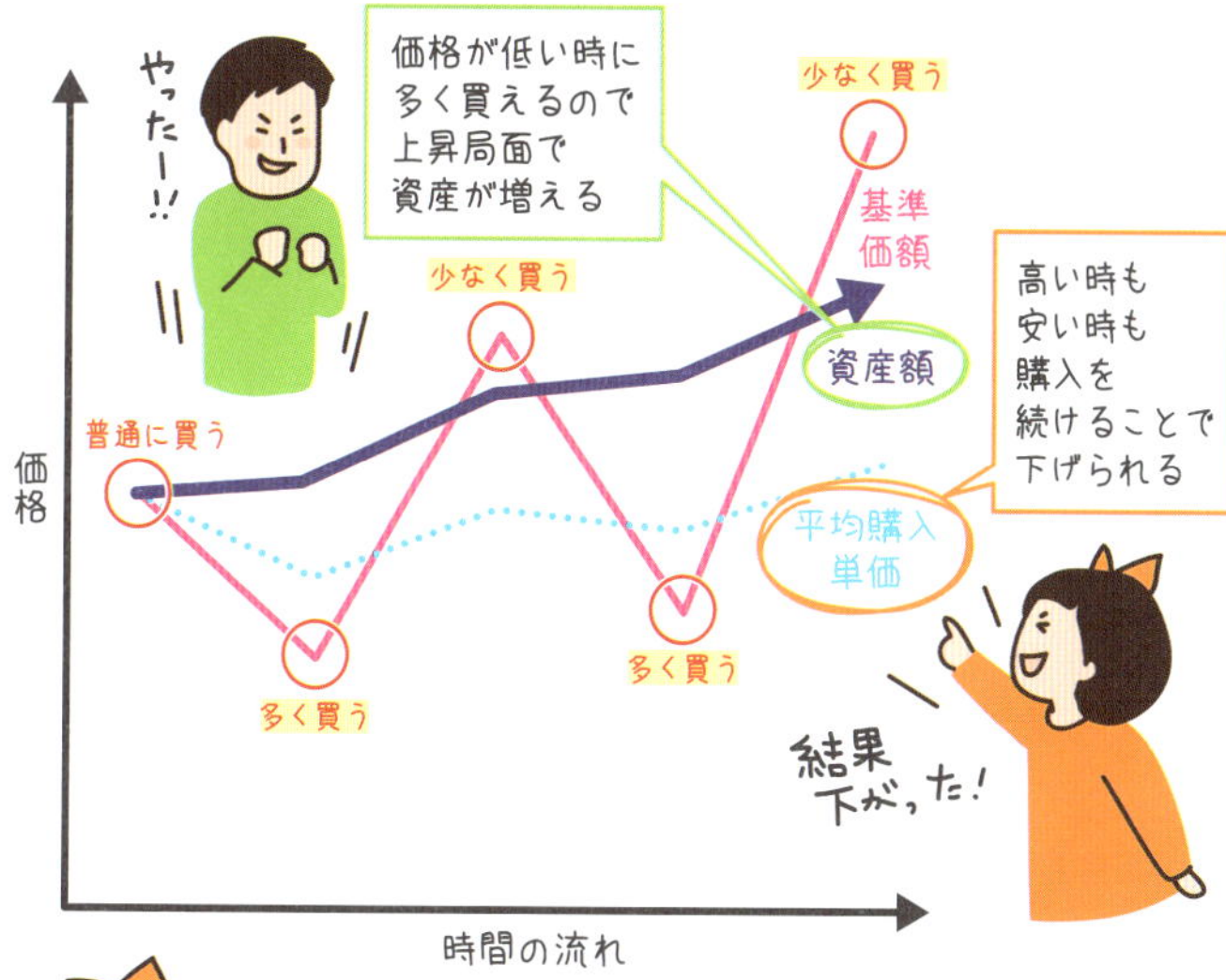
やったー!!
価格が低い時に
多く買えるので
上昇局面で
資産が増える
少なく買う
基準価額
少なく買う
資産額
高い時も
安い時も
購入を
続けることで
下げられる
普通に買う
価格
平均購入単価
多く買う
多く買う
結果下がった!
時間の流れ

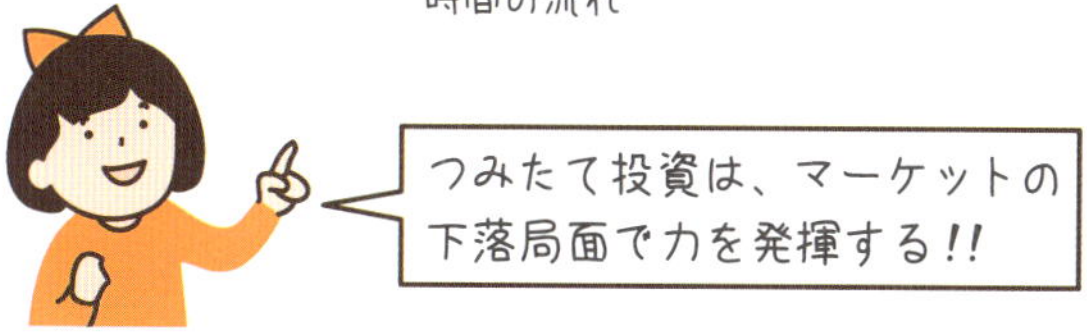
つみたて投資は、マーケットの
下落局面で力を発揮する!!

下落相場に強い ドルコスト平均法

まとまったお金を一度に投資する方法より**つみたて投資が有利なのはドルコスト平均法に理由があります。**これは、毎月一定額を積み立てることで平均購入単価を下げられるというものです。

この投資法は、**コロナショックのような下落相場で力を発揮します。**なぜなら投資信託の値段が大きく下がるとその分多くの口数を買うことができるので、マーケットが反転して上昇した時に元本を回復しやすくなるからです。

もちろん、下落時に始めた人は、回復とともに資産は積み上がっていきます。

2 つみたて

投資信託でのつみたてが初心者に最適なこれだけの理由

投資信託をつみたてるメリット

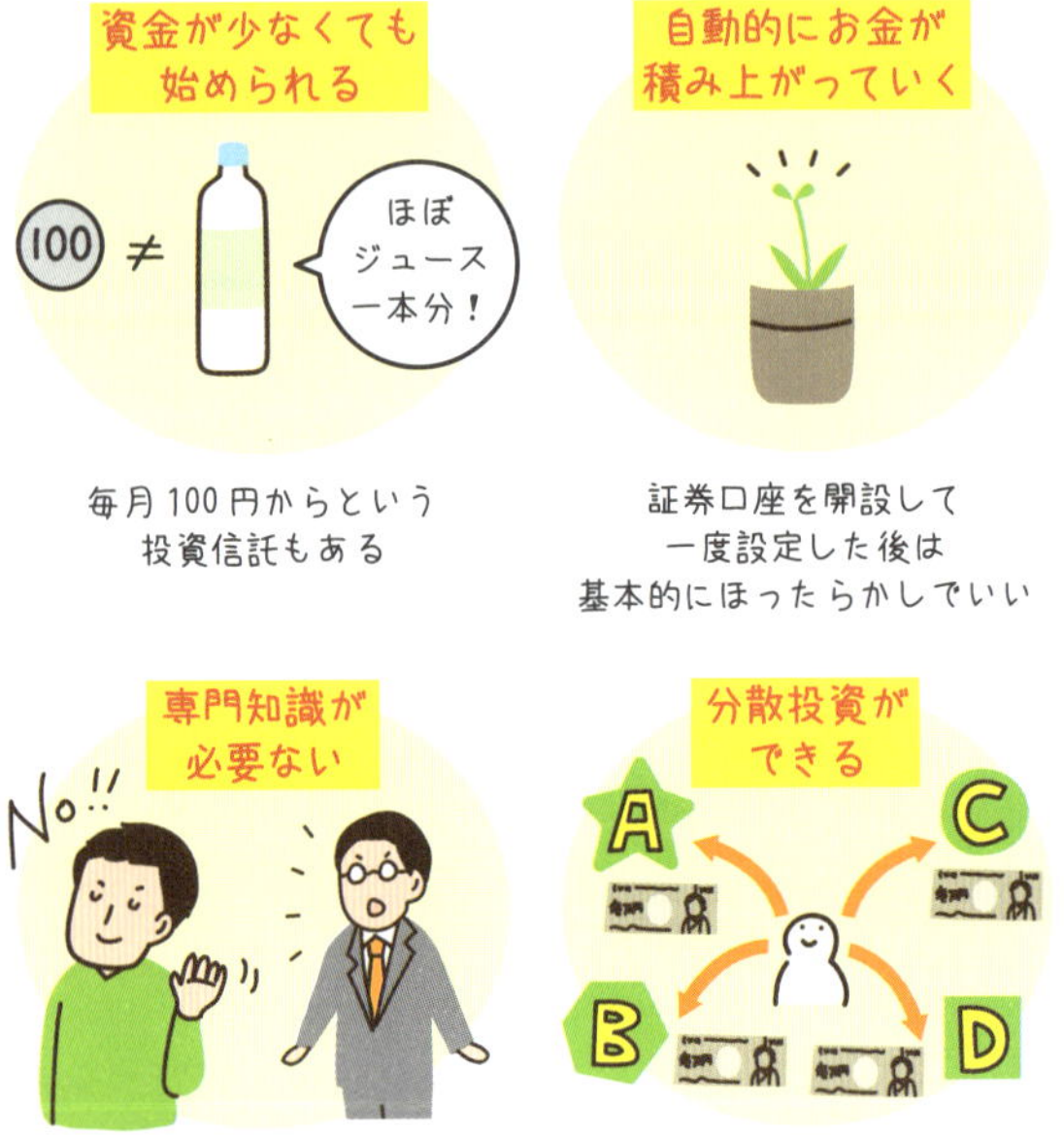

資金が少なくても始められる
100
≠
ほぼジュース一本分！
自動的にお金が積み上がっていく
専門知識が必要ない
No!!
分散投資ができる
A
B
C
D

毎月100円からという投資信託もある

証券口座を開設して一度設定した後は基本的にほったらかしでいい

運用はファンドマネージャーが行う

さまざまな商品に少額で分散投資できる

わずかな金額から投資を始められる

投資に踏み出せない理由には、「大損してしまうのが怖い」といった不安に加えて、「投資に回せるお金がない」「面倒」「知識が少ない」「忙しい」といったものがあります。実は、**これらを解決できるのが投資信託のつみたて投資です。**

株に投資する場合、100株からしか購入できないため、1株2000円だとすると最低でも20万円が必要となり、それなりの金額が必要になります。その点、**投資信託は毎月100円からの積み立てでも始めることができます。**

つみたてNISAの年代別口座数の推移

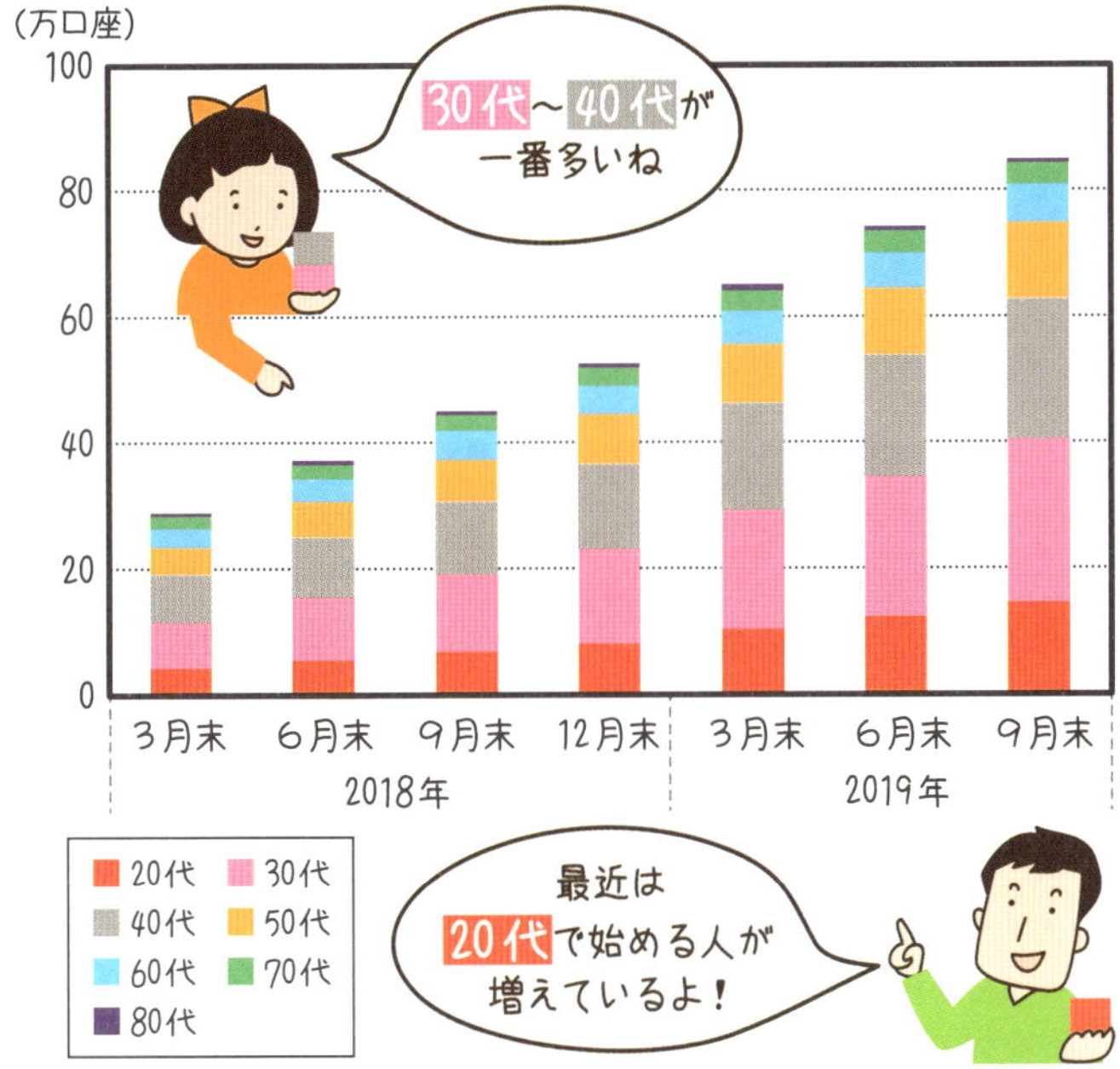

NISA及びジュニアNISA口座開設・利用状況調査結果について
※それぞれの基準日時点においてつみたてNISAの投資利用枠が設定されている口座の数

自分の無理のない範囲で20年、30年と積み立てていけば、元金の倍近くまで増えることも期待できます。

専門知識も手間も必要ない

投資信託は、**運用をファンドマネージャーという専門家に任せるため、専門的な知識やノウハウが必要ないのも初心者に最適です。**

証券口座を開設するのもパソコンやスマートフォンで簡単にできますし、一度設定すれば、自動的につみたて投資が可能。その手軽さから、忙しい人でもラクに投資を続けることができると、今、若者を中心につみたて投資が人気を集めています。

つみたて 3

1本でも分散！あれやこれやと対策する心配もなし!!

投資信託ってどんな商品？

そもそも**投資信託は、投資家からお金を少しずつ集めて大きな資金とし、その資金をファンドマネージャーという専門家が運用するものです。**

投資先は実にさまざま。トヨタ自動車や楽天、マクドナルドホールディングスといった国内株式、グーグルやアップル、アマゾンといった外国株式はもちろん、国が発行する国債、企業が発行する社債といった債券から、不動産やコモディティに至るまで、**あらゆる金融商品が対象**となります。

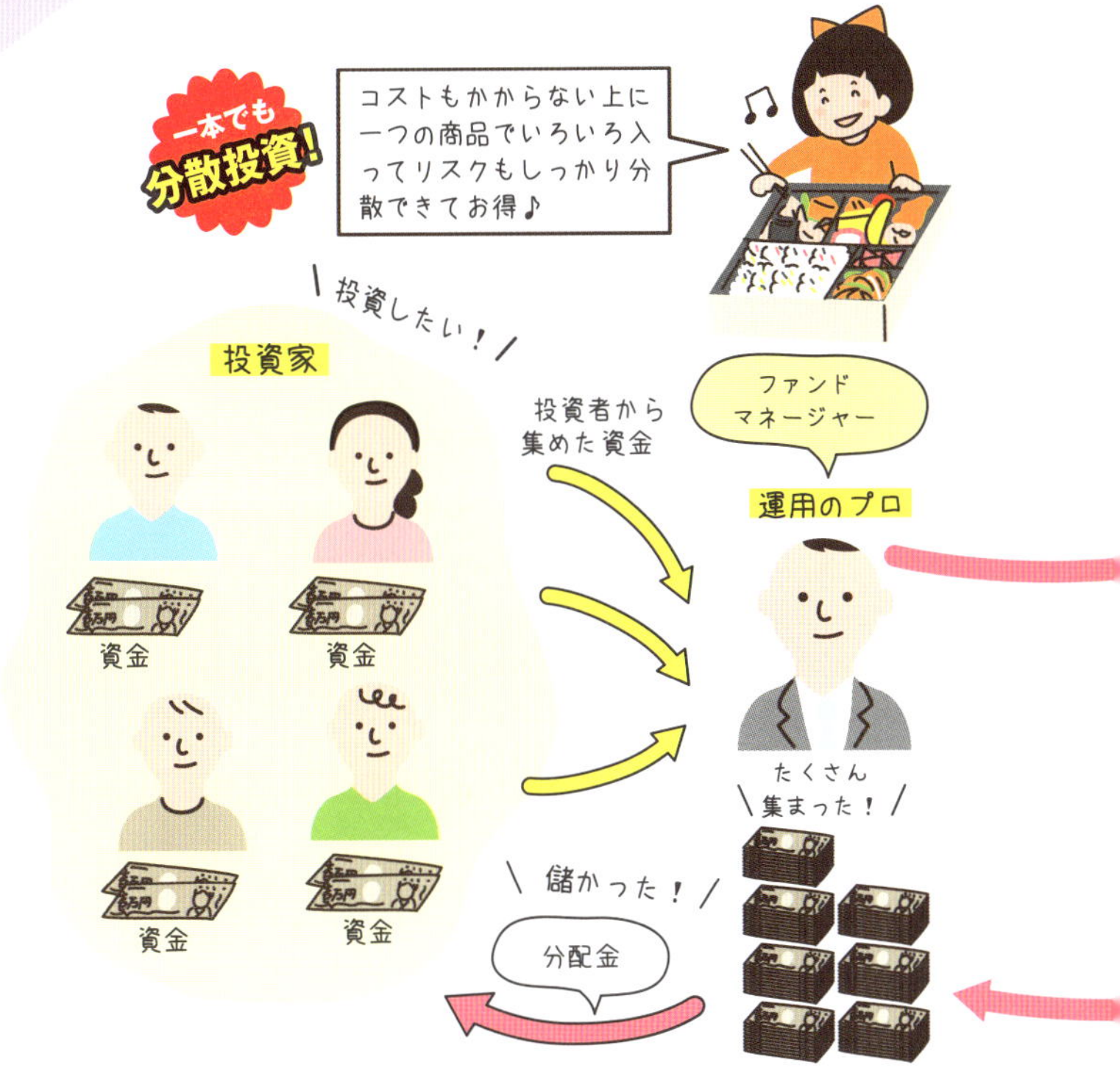

一本でも
分散投資!
コストもかからない上に一つの商品でいろいろ入ってリスクもしっかり分散できてお得♪
投資したい!
投資家
資金
資金
資金
資金
投資者から集めた資金
ファンドマネージャー
運用のプロ
たくさん集まった!
儲かった!
分配金

資金が少なくても分散投資ができる

投資信託は、資産が極端に値下がりするリスクを避けやすくなります。**複数に分散投資していると、そのうちの一つの投資先が値下がりしても、他の投資先でカバーできるからです。**

分散投資は投資の際の鉄則ですが、あちこちの資産に投資するには大きな資金が必要です。

その点、**投資信託ならば少額で取り引きでき、しかも一つ購入するだけで分散投資までできてしまいます。**言ってみれば、投資信託は一つ買えばいろいろなものが食べられる幕の内弁当のようなものなのです。

4 つみたて

老後資産の2000万円問題も つみたてなら安心!?

65歳で定年退職して90歳までに必要な額

老後に必要な総額を割り出す

月額36.1万円 × 12ヶ月 × 25年 ＝ 1億830万円

- 月額36.1万円：夫婦2人のゆとりある老後生活費
- 12ヶ月：1年間に換算
- 25年：65歳から90歳までの年数

公益財団法人 生命保険文化センター「生活保障に関する調査」より

社会保障給付額・退職金を引く

1億830万円－（約6,115万円 ＋ 2,499万円）＝ 2,216万円

- 約6,115万円：高齢夫婦2人の毎月の社会保障給付平均額 20万3,824円
- 2,499万円：民間企業と国家公務員の退職給付金平均額

総務省「平成30年家計調査（家計収支編）」より

人事院「民間企業の退職金、企業年金および、国家公務員の退職給付金」より

豊かな老後生活のために2,000万円が足りない！

長期間、運用すると預金と大きな差がつく

長生きするには、ある程度のお金が必要です。何もしないまま定年を迎えると、老後資金が2000万円足りなくなるといった試算もあります。将来を見据えて、逆算思考で計画的な資産運用を始めるべきでしょう。

この点、**投資信託なら「複利」で運用できるので、運用期間が長くなればなるほど大きくお金を増やすことができます。**

そもそも、運用方法には「単利」と「複利」があります。単利は最初の投資元本だけを運用し続けるも

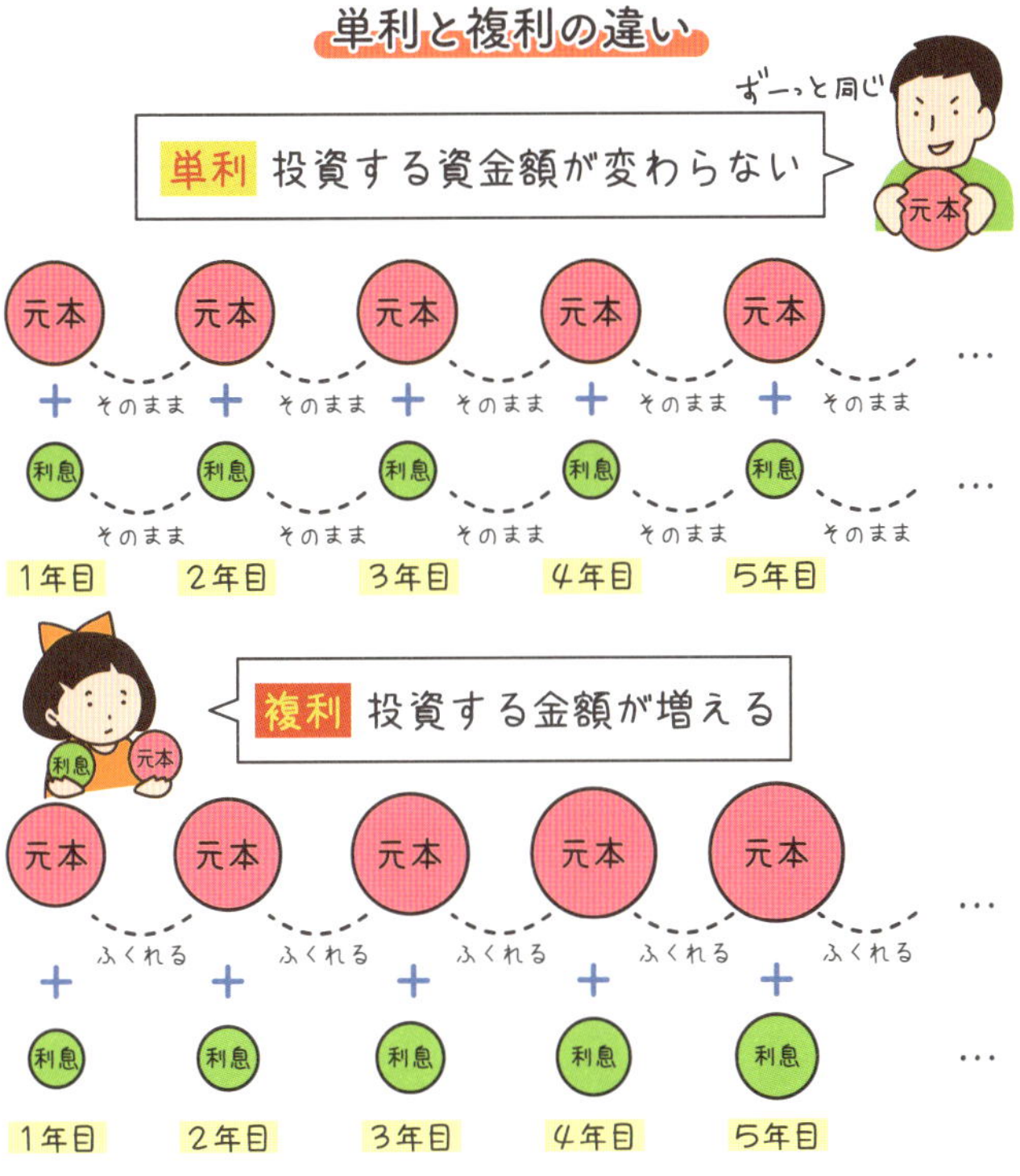

のです。一方、**複利は元金に対して増えた運用益や配当金・利息を元金に組み入れて投資するため、元金＋増加分を運用していきます。**投資資金が増えていくため、効果が大きくなっていくわけです。

投資期間が長いほど複利の効果は上がる

複利は長期間にわたって投資を続けるほど効果が大きくなります。たとえば毎月1万円を5％の利回りで10年運用した場合、元金は120万円ですが、資産は155万2823円にもなっていきます。

複利の効果を得るためにも、なるべく早くからつみたてを始め、長期間続けるようにするのが得策です。

結局、長く続ける人が投資で成功する人!!

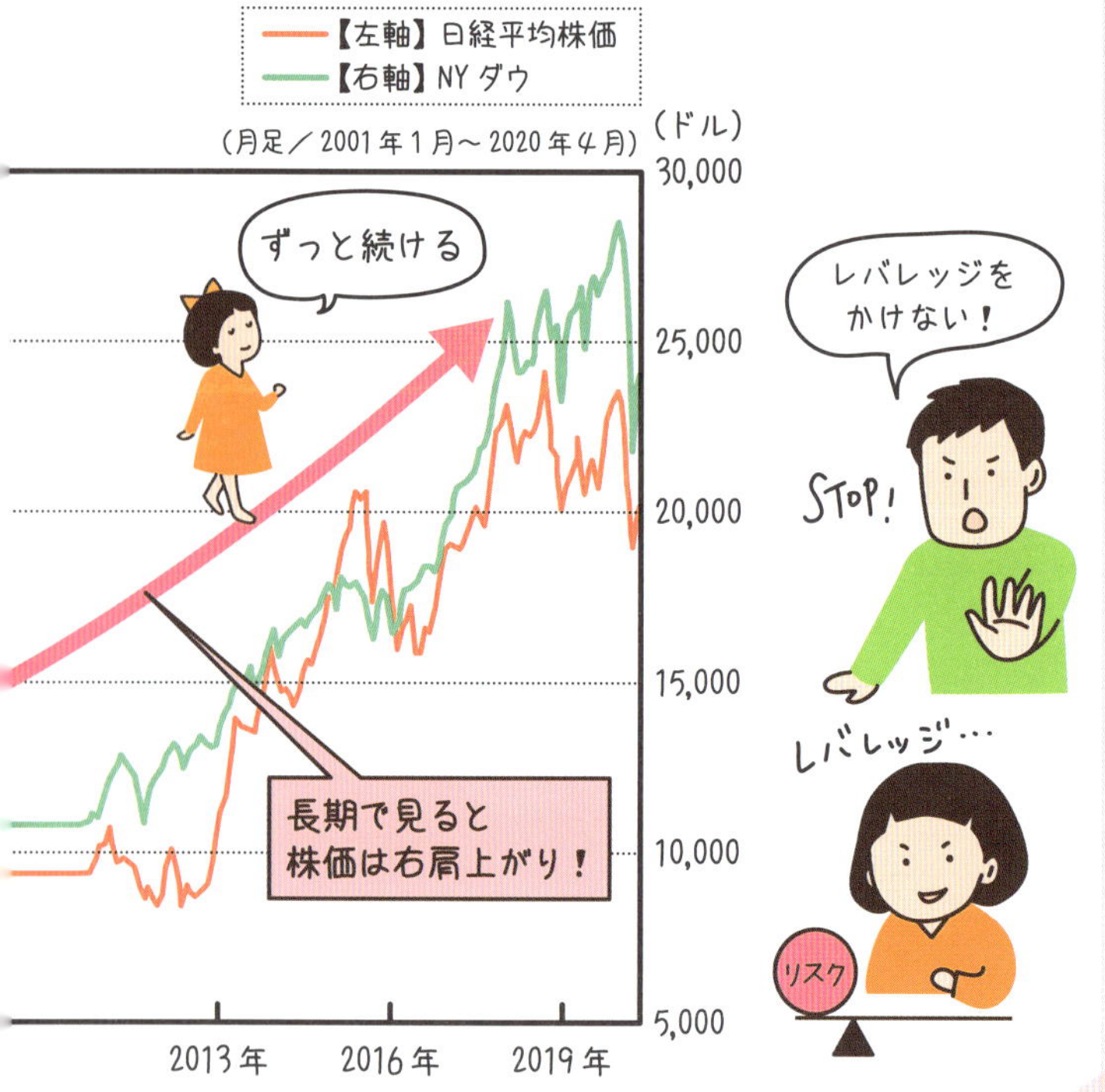

出所:Factsetのデータを基に株式会社マネネが作成

投資に成功する人の共通点

個人投資家で成功する人には共通点があります。といってもどれもむずかしいことではありません。**まず大切なのは、ずっと続けること。**単純ですが、続けられない人が多いのは、株価の動きに原因があります。株価指数は長期で見ると右肩上がりになっていますが、上昇はジワジワゆっくり動くのに対して、下落はガクッと下落しがちです。つまり、時折訪れる急激な下落局面で、驚いて投資をやめてしまう人がいるわけです。

つみたて投資を成功させるには？

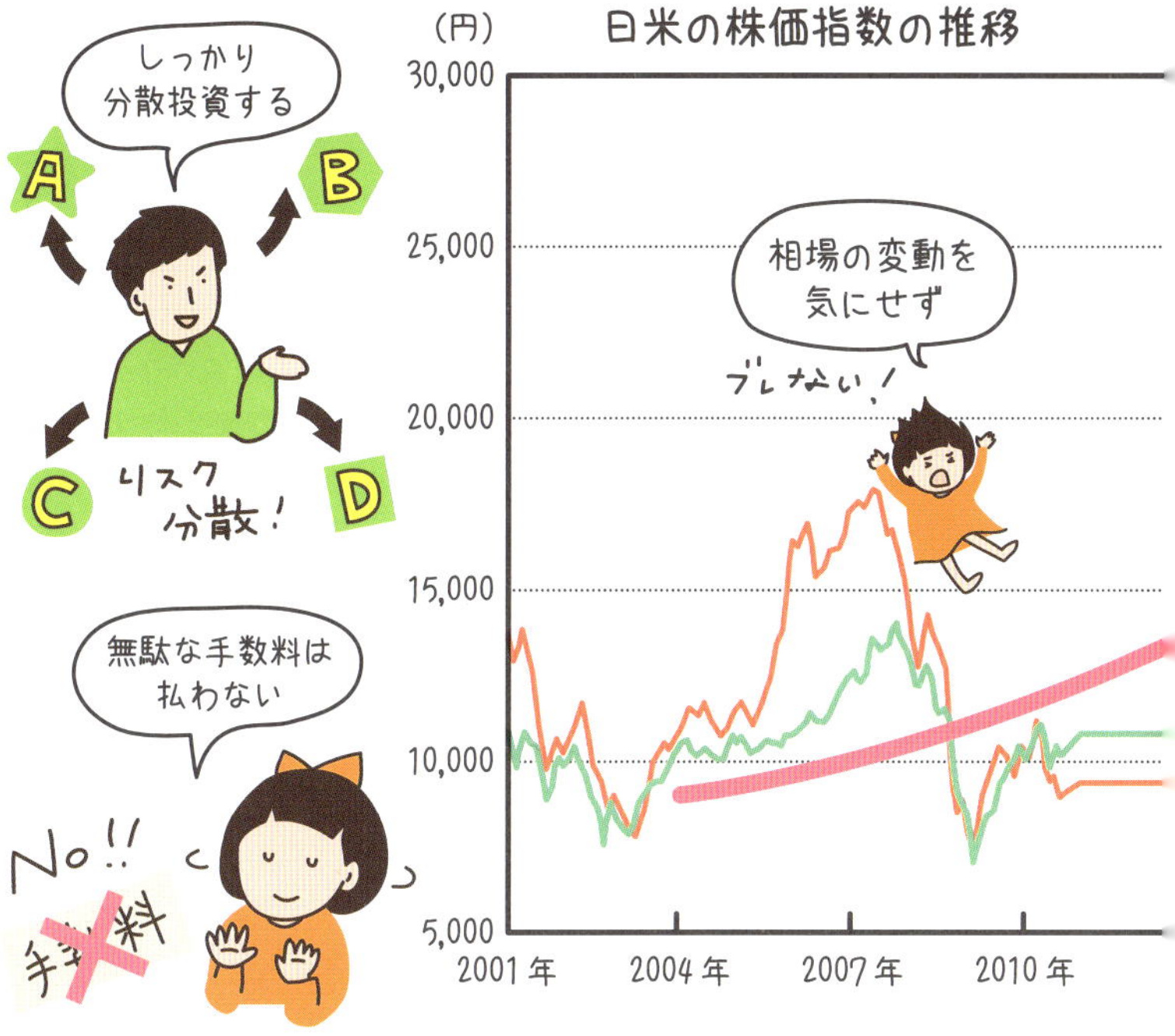

長く続けて結果を出すために

投資を長く続けるためには、**相場の変動を気にしない**ことが大切です。目先の相場に揺さぶられると、冷静な判断はできません。

分散投資をしっかりしておくことも大切です。個別銘柄に投資して一発当ててやろうと考えるのはギャンブルです。また、投資のマイナス要素になる**無駄な手数料を払わない**こと。**レバレッジをかける**ことも避けます。

投資は、長く続けた人が成功します。だからこそ、コツコツと無理せず続けられるつみたて投資が資産形成に最適なのです。

Contents

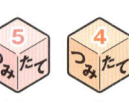

第1章

なぜ、今つみたて投資なの？

第2章 つみたて投資ってそもそも何？

第3章

カンタン つみたて投資の始め方

第4章 初めてでもできる！投資信託の選び方

第5章 長期で投資を続けるための心得

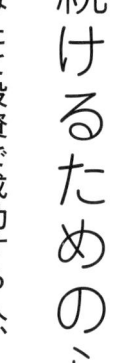

第1章

なぜ、今つみたて投資なの？

第1章 01

浸透し始めたつみたて投資、コロナショックが追い風に？

20代から80代までが投資をする時代

日本人は投資をする習慣がないとよく言われますが、実は日本でも着実に投資文化は根付き始めていることをご存じでしょうか。

金融庁が2020年2月21日に発表した『NISA・ジュニアNISA口座の利用状況調査（2019年12月末時点 速報値）』によれば、一般NISAは約1177万口座、つみたてNISAは約189万口座、ジュニアNISAは約35万口座が開設されています（NISAとジュニアNISAの詳細については92ページ参照）。

総務省統計局によれば、2019年11月1日時点における日本の人口（確報値）は

つみたてNISAの年代別口座数の推移

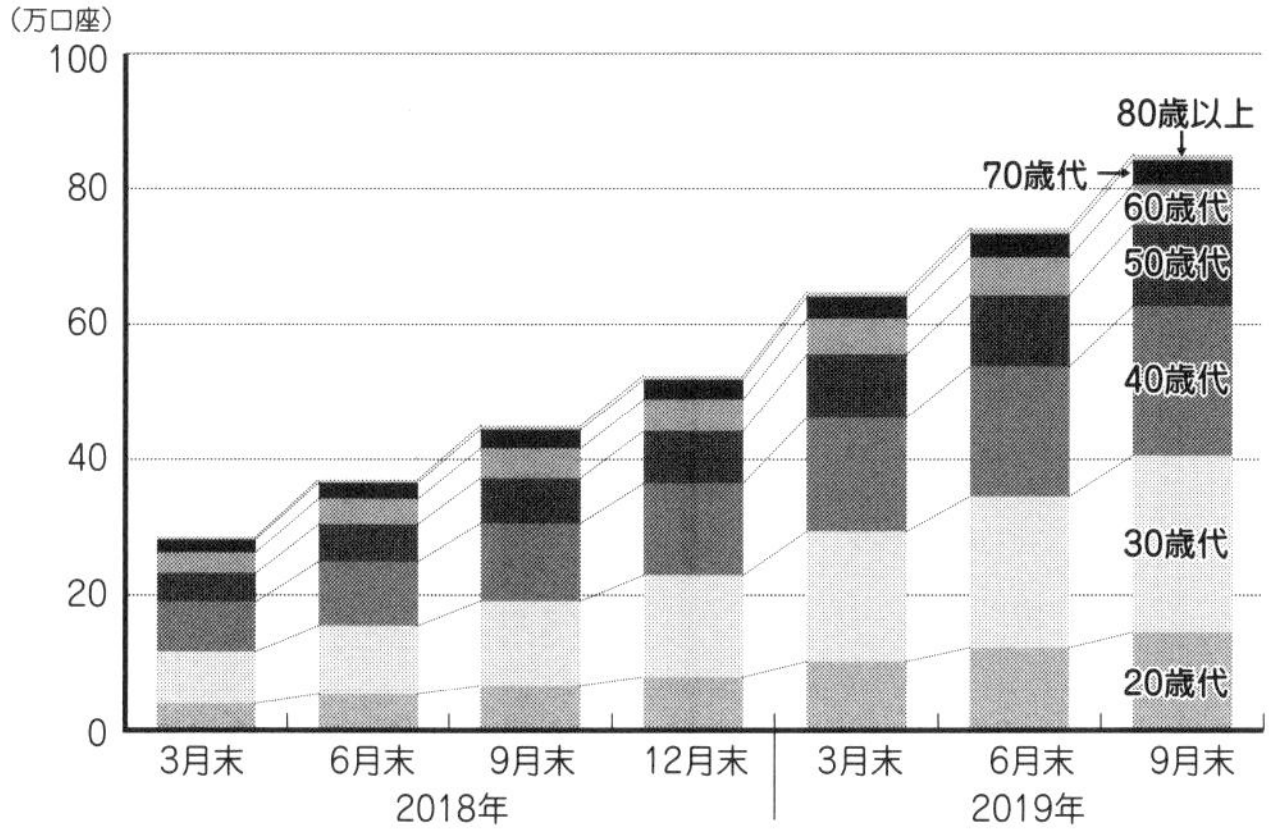

出所：日本証券業協会『NISA 及びジュニア NISA 口座開設・利用状況調査結果について』のデータを基に株式会社マネネが作成。
※それぞれの基準日時点においてつみたて NISA の投資利用枠が設定されている口座の数

１億２６１６万人ですから、ＮＩＳＡ口座の合計数が１４０１万口座ということを考えると、まだ日本人でＮＩＳＡ口座を開いているのはわずか11％に過ぎないと思うかもしれません。

しかし、それでも日本における投資文化はこの数年で急速に成長しているのです。上図はつみたて投資に特化した「つみたてＮＩＳＡ」の口座数を年代別に分けて、その推移をグラフ化したものになります。

ＮＩＳＡの概要やつみたて投資については次の章以降でしっかりと解説していきますが、日本では幅広い年代で「つみたてＮＩＳＡ」という非課税制度を活用する人が急速に増えていることがわかります。

「つみたてＮＩＳＡ」という非課税制度は２０１８年1月から始まりましたが、グラフを見てもわかるように、30代と40代が利用者の半数を占めています。

ただ、**利用者の伸び率が一番高いのは20代。若い年代の人たちも将来の資産形成のためにこの制度を活用し始めている**ということです。

コロナショックで相場が一変、その時どうする？

このように投資の裾野が広がってきた背景には、いくつかの要因があります。

まずは、投資を始めた個人投資家がブログやＳＮＳで積極的に情報を発信し始めてくれたおかげで、お金をかけず、手軽に有益な情報にアクセスできるようになったこと。

次に証券会社や運用会社など金融機関が取引にかかる手数料を引き下げていき、ものによっては手数料がかからない商品まで誕生したこと。

そして、国がＮＩＳＡのような非課税制度を用意したこと、などが挙げられます。

また、これらの大前提として、この数年間はアベノミクス相場やトランプ相場と言われるように、比較的相場環境がよかったこともあるでしょう（２０２０年5月現在）。

しかし、その相場環境も２０２０年2月に急変しました。株式市場は新型コロナウイルスの世界的な感染拡大に伴い、これまでに経験したこともないような下落局面に突入していったのです。

この下落局面は非常に強烈でした。米国の株式市場では3月16日にＮＹダウが１日で２９９７ドルも下落。取引時間中には下げ幅が３０００ドルを超え、前週の12日に記録した過去最大の下げ幅（２３５２ドル）を塗り替えました。

そして、この急落は米国だけでなく、コロナショックとして日本を含めた世界各国の株式市場を襲ったのでした。

この数年で投資を始めた個人投資家からすると、これほど強烈な下落局面は当然経験したことがないわけですから、どこまで下がるのだろうと疑心暗鬼になり、着々と積み立ててきた投資資産をいったん売却して、つみたて投資の設定も解約してしまうケースが増えたと聞きます。

その一方で、これをチャンスとする動きも見られました。

コロナショック直後の2020年4月にインターネット証券大手5社でNISA口座の新規開設数が急増したのです。報道によるとその数は11万件にのぼり、これは前年同月と比べて2・8倍、ネット証券によっては5倍も増えたというところもあったようです。この中心となったのが将来の資産形成を考える若年層だったと言われています。コロナショックがこれまで投資の必要性を感じながら、なかなか踏み切れずにいた若い人たちの背中を押した形になった、と言ってもいいでしょう。

本書を手に取った読者の皆さんの中にも、コロナショックを契機につみたて投資をやめた人、もしくは、始めた人がいるかもしれません。

ただ、いずれにせよ、つみたて投資を学ぼうという目的でこの本を読んでいることには変わりはないと思います。そんな方々に最初にお伝えしておきたいことがあります。

それは、**株価指数が右肩上がりの時だけ積み立てていき、下落局面になったらやめてしまうというのは最悪な投資行動の一つだということ**です。

鉄則は「相場を見るな」

私が投資の本場アメリカへ出張に行った際、多くの富裕層を顧客に抱えるファイナンシャル・アドバイザーと話をする機会があったのですが、「リーマンショックのような株価の下落局面では、顧客にどのようなアドバイスをしているのか？」と尋ねたところ、彼の答えは意外なものでした。

「とにかく相場を見るな」。たったのこれだけ。

彼の顧客の多くがつみたて投資をしているようですが、どれだけ投資経験があっても、資産が多くても、やはり下落し続ける株価を見ていると不安になってしまい、誰もが早く解約して楽になりたいと考えてしまうようです。これはどこの国でも同じのよう。

ただ、そのような人たちに彼は「株価がいつ上昇に転じるかはわからないが、**少なくとも過去何十年間というスパンで米国の株価指数の推移を見れば、結局は右肩上がりになっている**ので、今は目をつぶって淡々とこれまで通りの投資スタイルを維持しなさ

S&P500の推移（月足／1985年1月～2020年5月）

出所：Factsetのデータを基に株式会社マネネが作成。

い」と説明するというのです。

上図は米国を代表する株価指数の一つであるＳ＆Ｐ５００の値動きを、１９８５年からグラフにしたものです。

たしかに、２００１年のＩＴバブルの崩壊や２００８年のリーマンショックなど、時折下落している局面はあるものの、長い目で見れば右肩上がりとなっています。

つみたて投資は長期スパンでやるからこそ力を発揮するもの。

目先の株価の動きに右往左往しては損をするばかりです。しっかりと正しい知識と考え方を身に付けて、これからの投資生活に活かしていきましょう。

第1章 02

投資をしていたことを忘れるぐらいのスタンスでOK

投資の世界に絶対はない

　ある経済番組の中で、私が大学生向けの投資セミナーで話をしている時の映像が引用されたことがありました。

　それは１時間半ほどのセミナーだったのですが、なぜか番組の中で引用された場面は私が**「将来のことは誰にもわからない」**と言っている場面でした。そして、私が喋っている画面の横には「経済アナリスト　森永康平さん」と出ていました。

　放送後に私は、SNS上でこの映像を見た人の否定的なコメントをいくつか目にしました。「予測もできないのにアナリストを名乗るな」と。

　しかし、将来のことは誰にもわからないという考えは、今でも変わっていません。

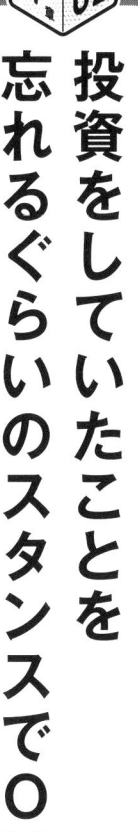

私は調査や取材、分析を重ねて、投資家が注目したほうがいいポイントや、見落としがちなポイントを共有することはありますが、将来は必ずこうなると断言することはありません。なぜなら、投資の世界に絶対はないからです。

この本を読んでいる方の多くは、これから投資を始めてみようと思っている投資未経験者や、投資を始めて日が浅い投資初心者の方が多いかもしれませんが、この考えはとても重要なので、絶対に忘れないでください。

「上がる」「下がる」に一喜一憂では長続きしない

とはいえ投資を始めると、相場の動きに興味を持つようになり、ついつい将来の予想をしがちです。

それ自体は非常にいいことだと思いますが、すでにお伝えしている通り、将来のことを正確に予想し続けることはプロでも不可能です。自分の予想通りになることもあれば、予想が外れることもある。それが相場というものです。

ただ上がる、下がるという予想をして、当たった、外れたと楽しむだけなら問題ありませんが、投資をするということは自分の大事なお金もからんできます。目先の上げ下げを予測しながら、そのお金を投じるということは、言ってみれば丁半博打と同じ。そして、何よりも**目先の相場の動きに一喜一憂していると、精神的に疲弊してしまい長く続きません。**

なぜ、そんなことがわかるのか？

それは、何を隠そう、私も過去にそのような状態に陥ったことがあるからです。せっかく何かのご縁でこの本を手に取っていただいたわけですから、読者の皆さんには私と同じようなツラい思いをしてほしくはありません。

無理せず長続きする投資が「つみたて投資」

この本では数ある投資手法の中から**「つみたて投資」**にフォーカスしています。

「つみたて投資」は、銀行にお金を預けたままだと全く増えないから投資をしてみたいけれど、投資に時間を割くよりも、仕事や家族、趣味に時間を割きたいと考える人にお勧めの投資手法です。

最近は手数料の安いネット証券で、一度「つみたて投資」の設定をすると、自動的にあらかじめ決めた投資対象に一定のタイミングで一定の金額を投資してくれる機能があり、これを利用すれば一切相場の動きを気にしないで、他のことに全ての時間を使っていても勝手に「つみたて投資」ができてしまいます。

皆さんは数ある投資手法の中から「つみたて投資」を選ぶわけですから、少なくとも短期間で億万長者になるような投資ではなく、コツコツと継続して老後資金など将来のための資産形成をしたい、そんな考えをお持ちなのではないでしょうか？

そのためには、**目先の相場の動きに心を揺さぶられるのではなく、自分が投資をしていたことを忘れてしまうぐらいのスタンスでちょうどいい**と思います。

無理をすると長続きしません。

これは投資に限った話ではありませんが、資産形成を継続したいのであれば、無理をしないこと。その一つの答えが「つみたて投資」なのです。

第1章 03

つみたて投資は投資の王道

タイミングは気にしない

せっかく投資をするんだったら、失敗したくない。

これは誰もが思うことでしょう。しかし、投資について学んでいくと、ひと言で投資と言っても、いろいろな手法があることに気付きます。

特に初心者の方は「どの投資手法がいいのだろうか」、と悩むかもしれませんが、まずは王道と呼ばれる手法から始めてみたいものですよね。ということでまずは、投資の王道について学んでおきましょう。

株価は次ページの図のように、常に上下に波を打って動きます。上昇し続けることも

株価の値動き（イメージ）

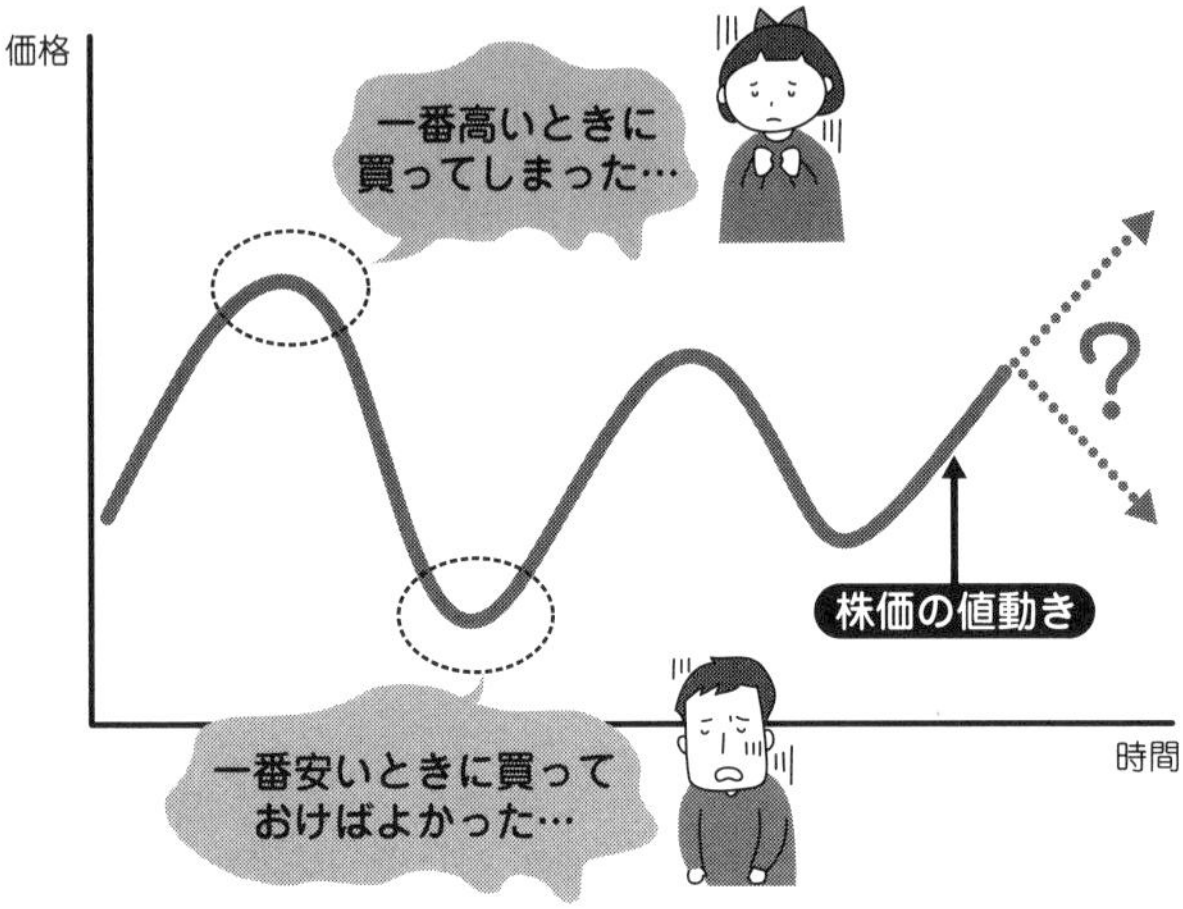

※金融庁『つみたてNISA早わかりガイドブック』を基に作成

ありませんし、下落し続けることもありません。

こうして株価の値動きを見ていると、安くなったところで買って、高くなったら売れば儲かるじゃないかと思うかもしれません。しかし、それは結果論に過ぎず、実際に投資をしてみると、自分が投資をした翌日から株価が下がり始め、怖くなって損切りをした直後から株価が戻っていくということはよくあります。

どれだけ勉強や研究をしても、将来の株価を正確に予想できるようにはなりません。へんにタイミングをはかって投資をするのではなく、とにかく機械的に投資をすることを心掛けましょう。

機械的に投資をするというのは、たとえば、「毎月最終営業日に〇〇という投資信託を〇万円購入する」ということです。先にも触れましたが、最近は一度設定すれば、あとは自動的にこのような投資をしてくれるサービスを提供している証券会社もあります。サービス使用料はかからないので、ぜひ活用してみましょう。

しっかりと分散をする

次に**投資先をしっかりと分散することが重要**です。

投資先を一つに絞ってしまうと、その投資先に何かがあった時に、自分の資産も投資先と一蓮托生《いちれんたくしょう》になってしまいます。そこで、投資先は複数に分散することが求められるわけですが、ただやみくもに分散すればいいわけではありません。

たとえば、航空業の会社の株と、観光業の会社の株の２つに投資したとします。そして、そのあとに新型コロナウイルス問題が起きたとしたらどうなるでしょうか。

両方とも大打撃を受けますから、投資先は２社に分散されていますが、同じ値動きをしてしまいます。そこで、Ｅコマースの会社の株と日用紙製品の会社の株も買っておいたとしましょう。同じように新型コロナウイルス問題が起きたらどうなるでしょう。

外出自粛で航空業と観光業の会社の株価は下落するかもしれませんが、巣ごもり消費の需要でＥコマースの会社の株は上昇し、マスクやティッシュにコロナ特需が生じて、日用紙製品の会社の株も上昇するかもしれません。

このように、**何かイベントが起きた時に、反対の動きをするような投資先を両方持っておくことが重要**なのです。そうすることでリスクが分散されます。

それだと、片方が上昇した時に、もう片方は下落するのだから、結局相殺されてしまうと思うかもしれませんが、それが分散できている証拠なのです。

今回は新型コロナウイルスの例を用いましたが、20年や30年と長く投資をしていると、さまざまな問題が生じます。この20年間でも、世界同時多発テロや東日本大震災など、地政学リスクが生じたり、天変地異などが起こったりもしました。

そして、これから先の20年、30年でも同じようにさまざまな問題が起こるでしょう。そうなると、天変地異が起きた時に上がる株と下がる株はコレ、戦争が起きた時に上が

資産を分散する

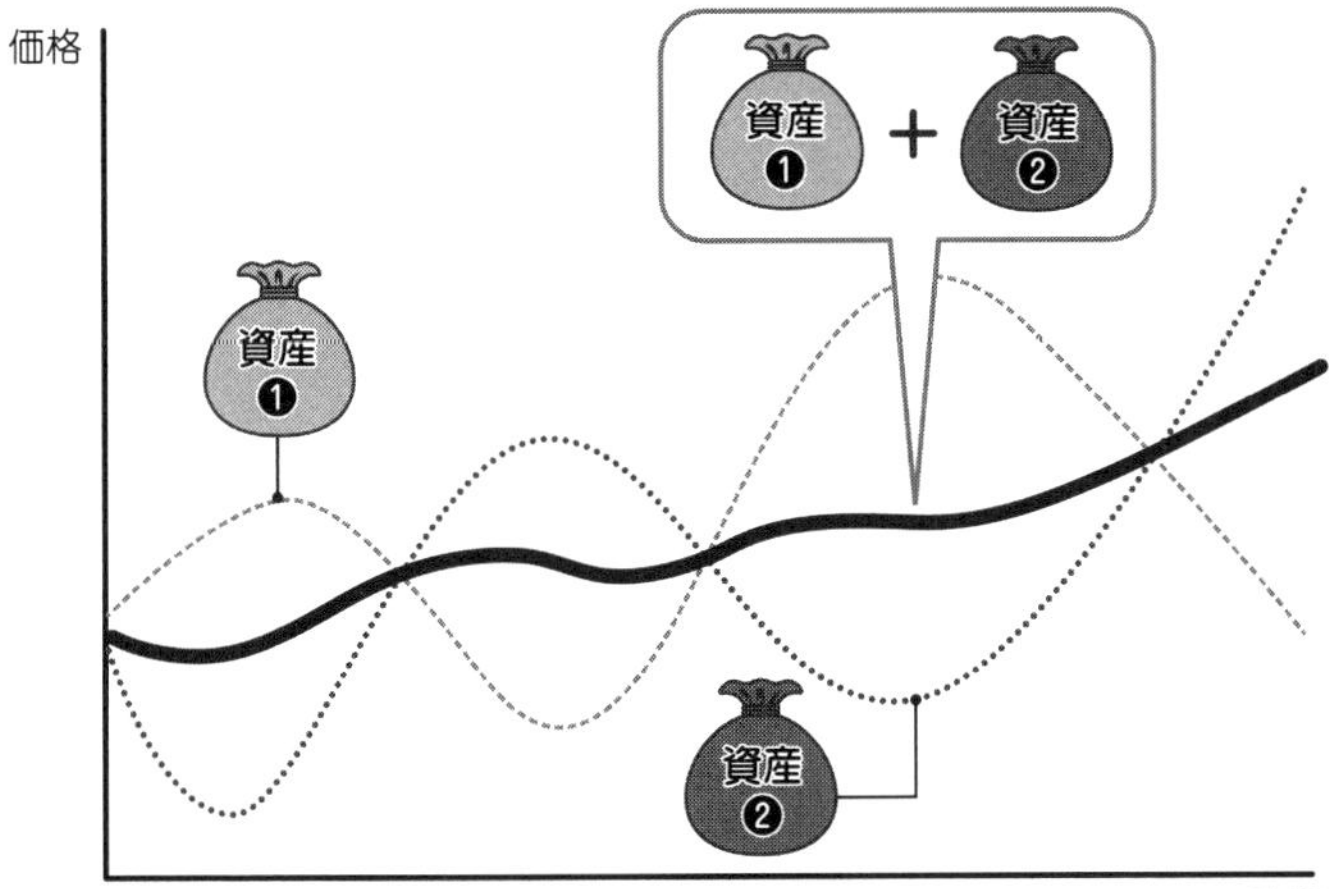

※金融庁『つみたてNISA早わかりガイドブック』を基に作成

る株と下がる株はコレ、感染症が……、このような形で想定される全てのイベントに対して会社を選ばないといけないのでしょうか。

さすがに、それはあまりにも面倒なので、**日経平均やNYダウなどの株価指数に連動する投資信託や、世界中の株式市場に投資ができる投資信託を買うことで、一回で大量の投資先に分散していく**のです。

長期で保有する

最後につみたて投資と分散投資をするのであれば、**必ず長期間続けましょう**ということを説明します。

金融庁が1985年以降の各年に、毎月同額ずつ国内外の株と債券の買い付けを行い、各年の買い付け後、保有期間が経過した時点での時価を基に運用結果及び年率を算出して、次ページのようなグラフを紹介しています。投資期間が5年間だと、投資を始めたタイミングによっては元本割れ、つまり損をする場合もありますが、投資期間が20年になると、少なくとも検証に使った期間においてはどのタイミングで投資を始めても、元本割れすることはなかったという検証結果が出ています。

もちろん、その分大きくリターンを上げることはなくなり、年率換算で2％〜6％ぐらいのリターンに収れんしてしまいます。しかし、最悪のケースではマイナス8％だけど、うまくいけば14％というギャンブルのような結果にはならなくなります。

一か八かで財を成そうとするのではなく、コツコツと老後資産を築くために投資をするわけですから、元本割れをせずに年率換算で2％〜6％ぐらいのリターンが期待できるほうがいいですよね。現在の銀行預金の金利を考えれば、年率換算で2％〜6％というのは非常に魅力的です。

以上の**「つみたて×分散×長期」という発想こそが、投資の王道**であり、それがまさに「つみたて投資」なのです。

保有期間と運用結果

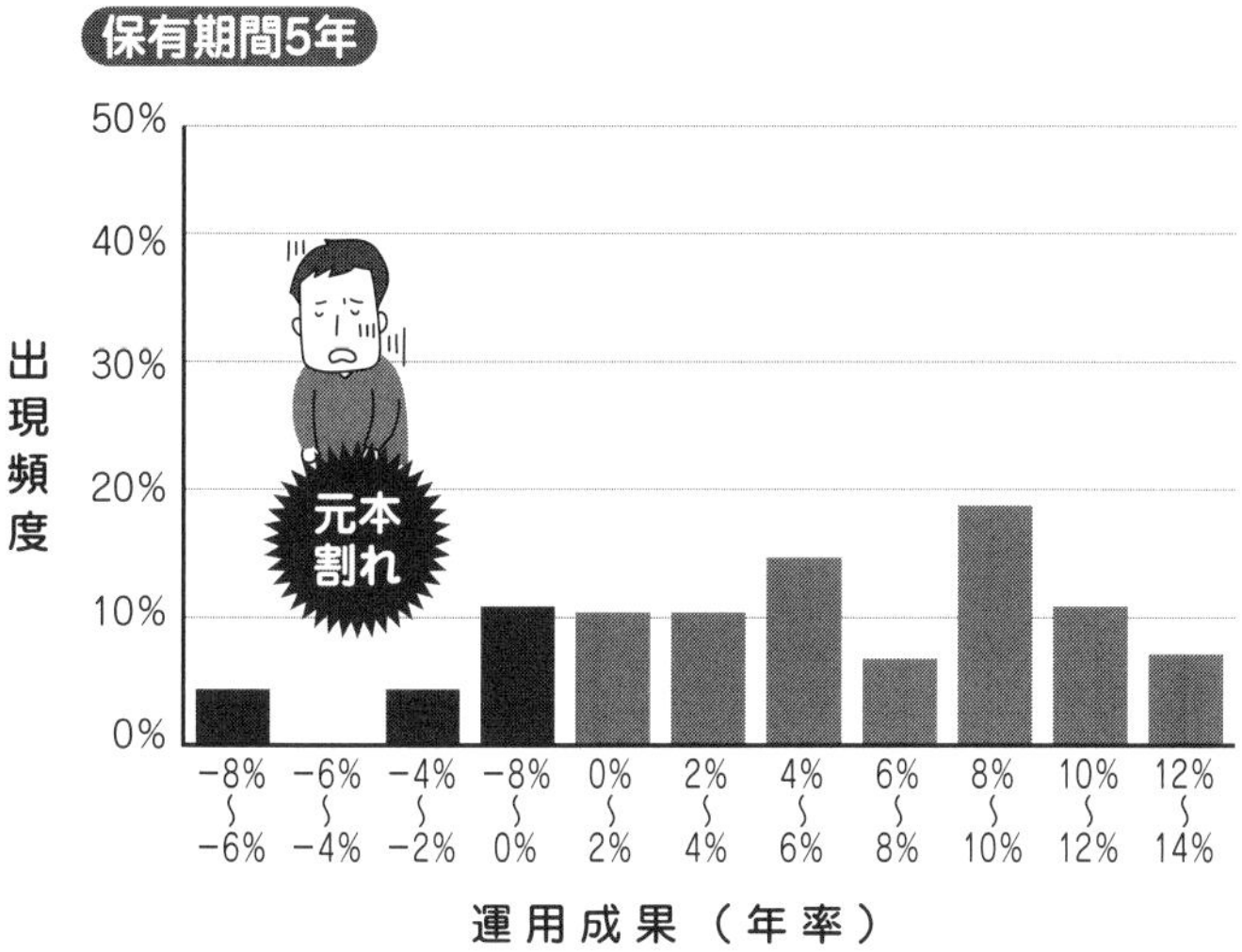

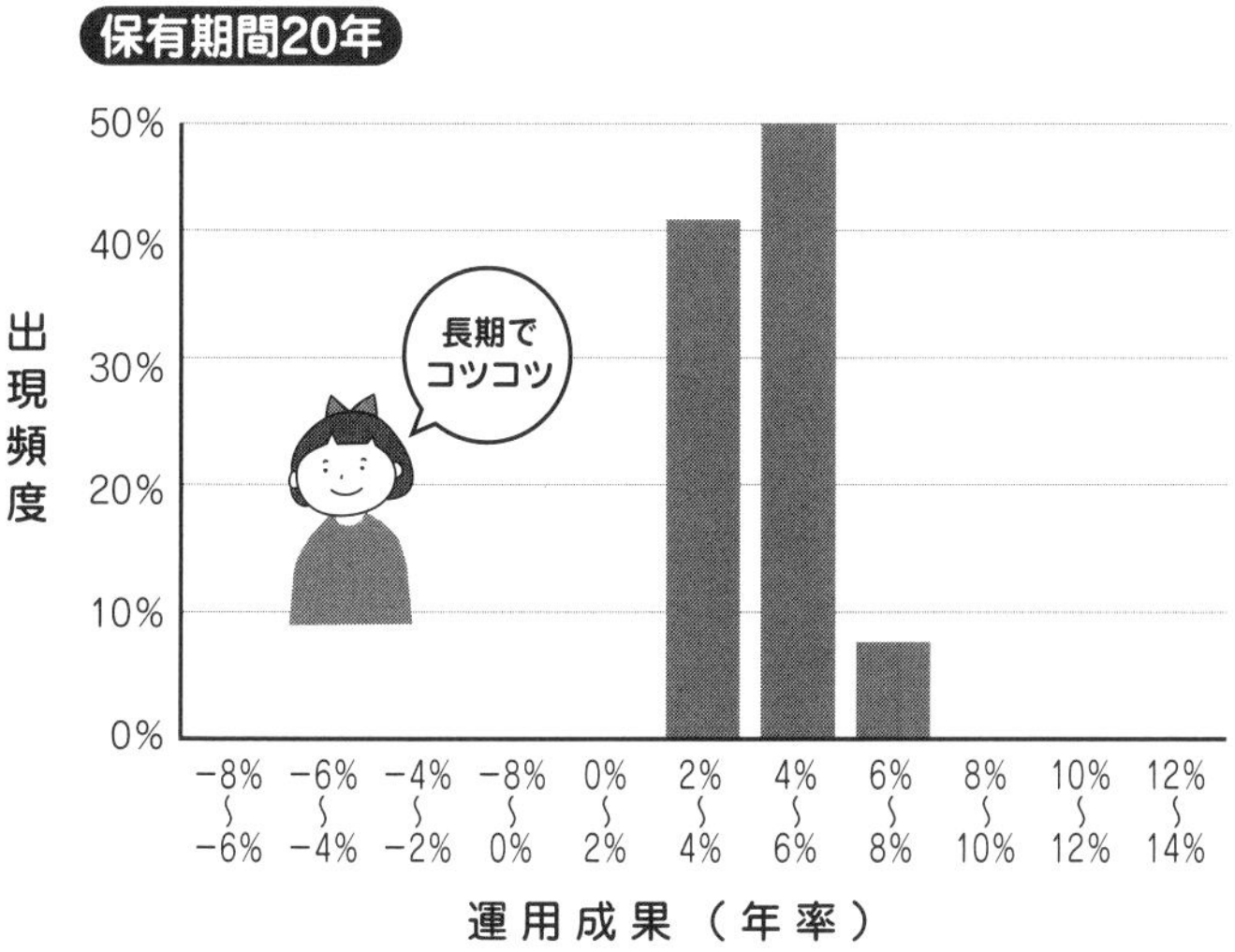

出所：金融庁『つみたてNISA 早わかりガイドブック』より

第1章 04

計画的な資産運用なしに安心した老後は迎えられない？

人生100年時代は本当？

最近、「人生100年時代」という言葉を耳にすることが増えてきましたが、この表現にどのような印象を受けますか？　少し大袈裟な感じもしますよね。

「投資をさせたいから煽っているのではないか？」

こんなことを思う方もいるでしょう。

皆さんも**投資を始めようと思うなら、このような違和感や疑問を覚えた時は、必ず一次情報で事実を確認する習慣を身に付けておくといいでしょう。**

一次情報と聞くとちょっと難しいようにも思えますが、これはニュースや記事で得られる情報ではなく、国や公的な機関が公開しているデータのことを言います。誰でもウェブサイトからデータをダウンロードできますので、確認してみてください。

ここでは厚生労働省が発表している『平成30年 簡易生命表の概況』と、国立社会保障・人口問題研究所が発表している『日本の将来推計人口（平成29年推計）』のデータを組み合わせて、グラフを作ってみました。

日本人の平均寿命は２０１５年時点で男性が80・７５歳、女性が86・９９歳となっています（実績値）。これを見ると「やっぱり、人生１００年時代は大袈裟じゃないか」と思うかもしれませんね。

しかし、将来の予測値を見てみると、印象が変わることでしょう。

たとえば、私は現在35歳ですが（２０２０年4月時点）、一般的な定年退職の年齢である65歳になるのは、30年後の２０５０年です。

グラフを見ると２０５０年の平均寿命は男性が84・０２歳、女性が90・４０歳となります。それでも、まだ１００歳には程遠いじゃないか、と思うかもしれません。しかし、

男女別平均寿命の推移

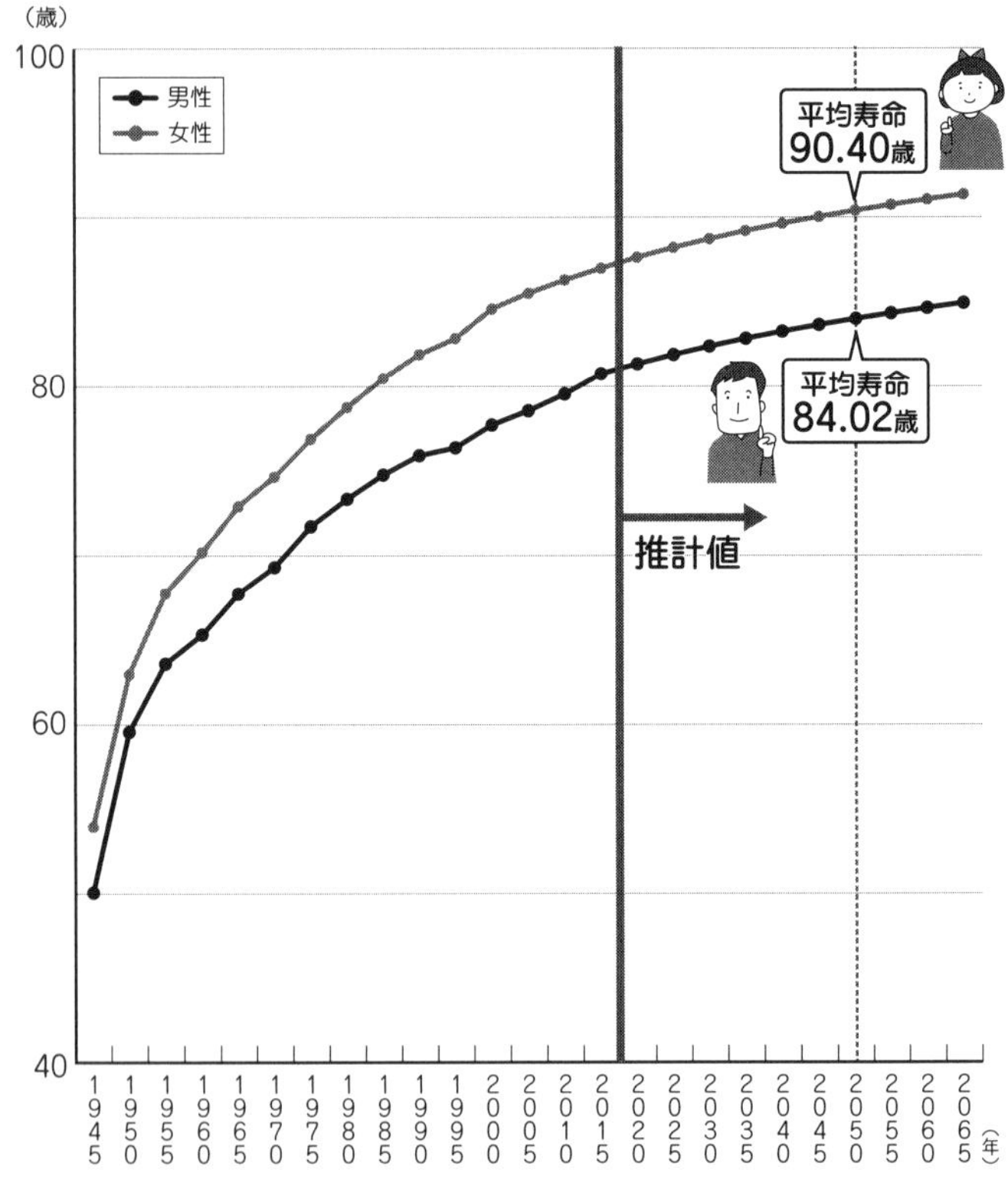

出所：2015年までは厚生労働省『平成30年　簡易生命表の概況』、2017年以降は国立社会保障・人口問題研究所『日本の将来推計人口（平成29年推計）』のデータを基に株式会社マネネ作成。
※推計値は死亡中位推計の場合。

これはあくまで「平均値」。女性で言えば平均寿命が90歳を超えているわけですから、１００歳を過ぎて生きる方も相当数いると考えられます。

このように一次情報を見ると、必ずしも「人生１００年時代」が投資を煽る大げさな表現ではなく、むしろ実態に即した表現と言えるのです。

老後からの「逆算思考」が大事

「日本は１００歳まで生きられる世界一の長寿国」

あらためてこういうと、非常に素晴らしいことのように思えます。

実際にその事実は素晴らしいことです。

私も過去には日本以外の国に住んでいたこともありますし、いろいろな国に出張をしたこともありますが、治安や衛生の面では日本の右に出る国はなかなかないと思います。

私たちは「長生き」という言葉に前向きな印象を持ちますが、長生きする際に２つのことが同時に達成されて、初めて前向きな印象通りの「長生き」になります。それは、**健康であることと、ある程度のお金があること**です。

本書では後者の**「ある程度のお金」**を得ることについての方法論を学んでいただければと思います。

そのために皆さんにはまず逆算思考を身に付けてほしいと考えています。

相場を予想できないように、将来のことを正確に予測することはできませんが、データに基づいて仮説を立てながら逆算していくことはできます。

たとえば、65歳で定年退職をして、90歳まで生きるとした場合、定年退職の時点で私たちはいくら貯金があればいいのでしょうか。

そんな疑問が出てきたところで、再び一次情報を見てみることにしましょう。

公益財団法人生命保険文化センターが発表した『令和元年度生活保障に関する調査』によれば、**夫婦2人で老後生活を送る上で必要と考えられている最低日常生活費は月額で22・1万円**となっています。

65歳で定年退職をし、90歳まで25年間生きると仮定すると、「必要な月額22・1万円×12ヶ月×25年」より、６６３０万円となります。この数字を見てどのような印象を受けますか？

「定年の時点で６６３０万円も貯金がないといけないのか！」

とショックを受けてしまうかもしれませんね。

しかし、安心してください。総務省が発表した『平成30年家計調査（家計収支編）』によれば、高齢無職世帯のうち高齢夫婦無職世帯（夫65歳以上，妻60歳以上の夫婦のみの無職世帯）の実収入は22万２８３４円となっており、そのうち**年金を含む毎月の社会保障給付は20万３８２４円**となっています。同じく「月額20万３８２４円×12ヶ月×25年」を計算すると、約６１１５万円となります。

また、人事院が２０１７年４月に調査をして発表した『民間企業の退職金、企業年金および、国家公務員の退職給付金』によれば、退職一時金と企業年金（使用者拠出分）を合わせた退職給付額は民間企業が２４５９・６万円、公務員は２５３７・７万円となっており、平均すると２４９９万円になります。

そうすると、25年間の年金合計額と退職金を足せば８６１４万円になるわけですから、最初に算出した６６３０万円には十分足りるということになります。

なぜ老後に2000万円必要なのか？

それでは、わざわざ元本割れする危険性がある投資なんてしなくても、普通に生活しておけばいいじゃないか。そんな声も聞こえてきそうです。

しかし、よく読み返してください。先程書いた毎月必要な金額は**「最低日常生活費」**です。

子どもたちも巣立ち、「夫婦水いらずでどこか旅行に行こうか」「今日は記念日だから高級なお寿司でも食べに行こうか」などということは、最低日常生活費ではできません。

実は先程の公益財団法人生命保険文化センターが発表した資料には、老後の最低日常生活費以外に必要と考えられる金額も記載されていて、それを見てみると月額で14万円の上乗せが必要となっています。

これを基に計算し直すと、「必要な月額36・1万円×12ヶ月×25年」となりますから、**老後資金として1億830万円が必要**ということになります。

そこから、先程の**25年間の年金合計額と退職金を足した8614万円を引くと、2216万円足りない。**

そう、これが俗にいう**「老後2000万円問題」**と言われる根拠なのです。

さらに言えば、先程の退職金のデータは大企業と公務員を中心としたものですので、実際にはもらえる額はもっと少ないか、場合によっては1円ももらえないという人のほうが多いでしょうし、毎月もらえる年金の額も実際は低くなっていると考えられます。

人生100年と言われるこれからの時代、私たちは無計画に生きていくことは非常に危険です。なるべく早いうちから、将来を見据え、逆算思考で計画的な資産運用を始めるべきでしょう。

つみたて×分散×長期は投資の王道

第2章

つみたて投資ってそもそも何？

第2章 01

なぜ投資信託を積み立てるのか？ それはマーケットが下落しても強いから！

預貯金では増えない時代

日本のみならず、世界を襲った新型コロナウイルス。

緊急事態宣言、そして外出自粛要請が出る中で、証券口座の新規開設が相次いだと言われています。

主に個人投資家が利用しているネット証券の大手5社の新規口座開設数を見てみると、**新型コロナウイルスの感染が拡大する前の2020年1月に比べると、3月は2・2倍の31万もの口座が開設されました。**

「家にいても暇だから」という理由で証券口座を開設した人もいるかと思いますが、「仕事が少なくなってしまい、給与だけでは不安」

「今後、何が起きるかわからないから、将来に備えておこうと考えた」という声まで。理由はさまざまですが、資産運用の必要性を感じ始めた人が多いのは確かなようです。

かつては、「郵便貯金（現在のゆうちょ銀行）や銀行の定期預金に預けておけば、それだけで十分」という時代もありました。しかし、今は空前のゼロ金利時代。いくら銀行に預けていても一向に増えることはありません。さらに、第1章でも紹介したように、人生１００年時代を迎え、老後に備えた計画的な資産運用が必須の時代と言えます。

ただ、投資をしたことがない人にとっては、

「投資なんて博打だし、負けたら大変なことになる」

「株で大損したという話を聞いて怖い」

などといった不安が先行し、「投資に回せるようなお金もないし、面倒だから」などと言って、はじめの一歩を踏み出せない人も少なくありません。

そうした人に、ぜひ、お勧めしたいのが本書で紹介する「つみたて投資」なのです。

銀行にいくら預けていても資産が増えることはありませんから、投資の王道である「つみたて投資」で増やそうというわけです。

投資の王道・つみたて投資に最も向いている金融商品が「投資信託」です。

詳しくは後述しますが、株式投資だとよほど潤沢なお金がなければ、数銘柄にしか分散投資することができません。

しかし投資信託であれば、投資信託という〝器〟の中にさまざまな金融商品が入っており、一つの投資信託を購入するだけで、さまざまな金融商品（株や債券など）に投資することができます。

それは、**投資の基本である〝リスク分散〟**にもつながります。1社の株だけに投資をしていると、その株の価格が急落すれば大きな損失を被ってしまいます。「複数の株を買えばリスク分散できるじゃないか」と思うかもしれませんが、前述の通り、そのためには大金が必要になります。

しかし、さまざまな金融商品で運用している投資信託であれば、ある株が下がっても、別の株でカバーすることができますし、株以外の金融商品、たとえば債券や不動産投資信託などでもカバーできます。このように、株式投資と比べて、少ない金額でリスクを分散させることができるのです。

運用に関してもファンドマネージャーという運用のプロが代行してくれますから、しっかりと優良な投資信託を選ぶことができれば、投資に関する知識やノウハウがなくても大丈夫。まさに投資初心者にお勧めできるつみたて投資のための金融商品だと言えるでしょう。

ドルコスト平均法は下落局面に強い

つみたて投資が、まとまったお金を一度に投資する方法（集中投資、スポット購入などと呼びます）と比べてメリットが大きい理由を説明する際に、よく**「ドルコスト平均法」**という考え方が使われます。

これは、毎月一定額の積み立てで投資すれば、価格が高い時は買える口数（投資信託の取引単位）が少なくなり、価格が安い時は買える口数が多くなるため、高値づかみを

ドルコスト平均法とは？

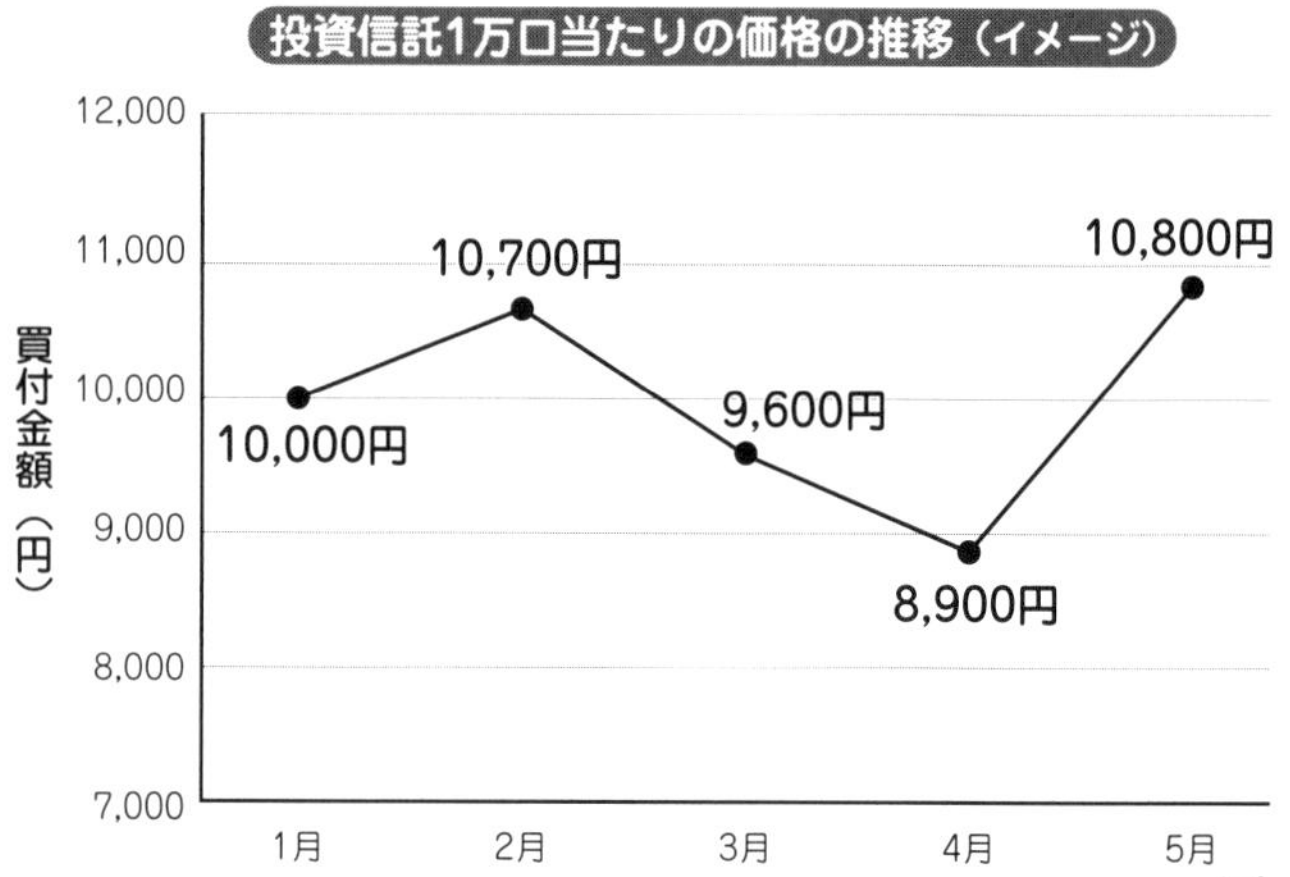

※手数料は含まれていません。実際の取引では別途手数料がかかります。

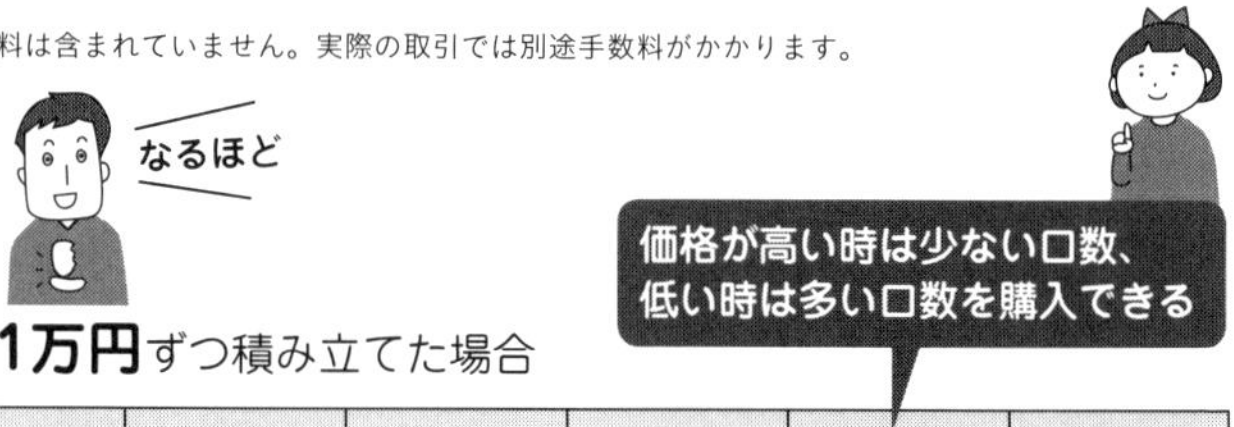

毎月**1万円**ずつ積み立てた場合

	1月	2月	3月	4月	5月
基準価格	10,000円	10,700円	9,600円	8,900円	10,800円
購入口数	10,000口	9,346口	10,417口	11,236口	9,259口
購入金額	10,000円	10,000円	10,000円	10,000円	10,000円

同じ投資金額50,000円で258口多く買える

合計口数 **50,258口**
投資合計金額 **50,000円**
1万口当たりの平均買付価格 **9,949円**

出所：楽天証券 HP より

することが少なくなり、下落局面でも淡々と続けていれば、平均購入単価を下げることもできるというものです。

このドルコスト平均法が効果を発揮するのが、実はコロナショックのようなマーケットの下落局面なのです。

マーケットが暴落して投資信託の値段が大きく下がっても、つみたて投資は同じ金額で購入しますから、その分、多くの口数を買うことができます。

値段が安い時にたくさんの口数を買い付けておけば、マーケットが反転して上昇した際には、値上がりし、元本を回復できるというわけです。

暴落前の水準まで戻る頃には、元本を上回る収益を得ることになるでしょう。

つみたて投資の2つのメリット

つみたて投資には大きく2つのメリットがあります。

一つは、**自動的に投資金額が積み上がっていくこと**です。

投資信託を使ったつみたて投資は一度設定をしてしまえば、後は毎月自動で定額を同じタイミングで投資することになります。

ですので、つみたて投資を始めてから、20年、30年が経ち、ふたを開けたら、大きな金額になっていたというのは十分考えられる話です。また、投資金額が増加していくことで、投資によって発生する利益額も増加します。

「お金が手に入ると、すぐに使ってしまう」というような、お金の使い方が粗かったり、管理がルーズだったりする方にもお勧めです。

もう一つは、つみたて投資というよりは、投資をすることのメリットですが、**自分のマネーリテラシーをアップさせられること**です。

もちろん投資をしたからといって、必ず儲かるわけではなく、相場の動きに合わせて、時には投資した資金が減る瞬間もあると思います。

ただ、特に若いうちから、そのような経験をしておくことで、世の中の動きや、経済についての関心、そして資産運用の知識やノウハウが自然と身に付き、将来的に退職金など、大きなお金を運用する場面で慌てることなく冷静に判断できるようなことにもつながります。

第2章 02

投資初心者に向いている！投資信託のメリット

投資信託は幕の内弁当？

では、積み立てる商品の投資信託についてもう少し詳しく見ていきましょう。
投資信託とは、投資家からお金を少しずつ集めてパッケージにし、そのお金をファンドマネージャーという専門家に運用してもらうという金融商品のことを言います。

個人一人ひとりが投資できるお金は、よほどの大金持ちでなければ限界がありますが、多くの人がお金を出し合えば、その規模は数十億円や数百億円になります。

そうした**まとまったお金を、専門家がさまざまな金融商品に投資する、それが投資信託**なのです。

投資信託は「投信」と略したり、「ファンド」と呼ばれることもあります。

いずれにせよ投資家から集めた資金を元手に、専門家が投資するのですが、その対象となる金融商品は実にさまざまです。トヨタ自動車や楽天、マクドナルドホールディングスといった国内株式もありますし、グーグルやアップル、アマゾンといった外国株式もあります。

また、国が発行する国債や企業が発行する社債といった債券から、不動産やコモディティ（原油やガソリンといったエネルギーや、金やプラチナといった貴金属、トウモロコシや大豆といった穀物など）に至るまで。ありとあらゆる金融商品が対象です。

言ってみれば、投資信託とは、**一つ買えばいろんなものが食べられる「幕の内弁当」**なのです。

個人投資家だと、ものすごい大金持ちでない限りは、投資できる金融商品の数にも限界があります。また、外国の株や債券、コモディティなどに投資しようとしても、取引のルールが複雑だったり、為替の両替など手続きが煩雑で容易なことではありません。

しかし投資信託であれば、気軽に手を出すことができなかった商品にも投資することができます。

つまり、日本にいながら、アップルやグーグルの株だけでなく、欧米の不動産や、新興国の債券などに投資することができるのです。

そうした投資信託のメリットは、**「専門的な知識が必要なく」**、**「少ないお金」**で**「分散投資できる」**ことと言えるでしょう。

たとえば株式投資の基本は、値上がりすると考える企業の株を安い時に買い、高くなった時に売って売買益を稼ぐというもの。

そのためには、業界の動向や企業の業績を始め、世界の経済動向や為替動向などを分析し、その上で相場を読んで売買のタイミングを見極めるなど、専門的な知識が必要となってきます。

一方の投資信託は、ファンドマネージャーと呼ばれる運用のプロが運用方針や銘柄を決めて運用してくれるため専門的な知識は不要、ある意味「お任せ」でいいわけです。

そういう意味では、これほど投資初心者に向いた商品はないでしょう。

投資信託で必要となるお金って？

先程も述べたように株に投資しようとすれば、それなりの金額が必要です。というのも株は1株から買えるわけではなく、100株からしか買えないのです。たとえば、ある企業の株価が1株2000円だとすると、最低でも20万円（100株）ないと買えないということです。ここで、複数の企業の株に分散投資をしようとすれば、さらに何十万円、何百万円と必要になってしまいます。

しかし、投資信託は違います。

証券会社によっては毎月100円からの積み立てでも投資を始めることができるところもあります。確かに積立金額が少額の場合、始めたての頃は投資資金に利益（含み益）が乗ったとしても、わずかな金額にしかなりません。

しかし、利回りを確保しながら20年、30年と積み立てていけば、積立金額の倍近くまで増えていくことも十分に期待できます。したがって、収入が少ない若いサラリーマンでも、ほんの少しお小遣いを削れば投資で老後資産を形成することが可能なわけです。

しかも、先にも書いたように投資信託はあらゆる金融商品が投資対象になっています。もちろん、株だけ、債券だけという投資信託もありますが、なかには株だけではなくあらゆる金融商品にバランスよく投資しているものもあります。こうした商品であれば、リスクを抑えながら、投資の基本である「分散投資」が可能になります。

これが株式投資だとしたらどうでしょう。

よほどの資金力がない限りは投資できる株数には限界がありますから、保有する銘柄の大半が大きく値を下げたら、自分の投資資産も一気に損失を被ってしまいます。他の銘柄が値を上げていればカバーできますが、リーマンショックのような金融危機が起きたら、ほとんどの株が暴落してしまいます。

そうならないように、投資家は自ら株や債券といった複数の金融商品に投資してリスク分散を図るわけですが、それが**投資信託であれば、自然とリスクを分散させることが（しかも小額で）できる**というわけです。

第2章 03

投資信託ってどのようにして売られているの？

投資信託には3つの会社がかかわっている！

現在、販売されている投資信託の数は約6000本（2020年4月時点）もあります。組み入れられている金融商品によってそれぞれ特色がありますが、投資信託の仕組みは同じです。ここでは、どのような仕組みなのか理解しておきましょう。

1本の投資信託には、3つの会社がかかわっています。「販売会社」「運用会社」、そして「管理会社」の3つです。では、それぞれ詳しく見ていきます。

まず、個人投資家にとって身近な存在なのは**「販売会社」**でしょう。投資家に投資信託を紹介したり販売したりする会社で、証券会社や銀行などが担っています。投資信託

投資信託には3つの会社が関係している

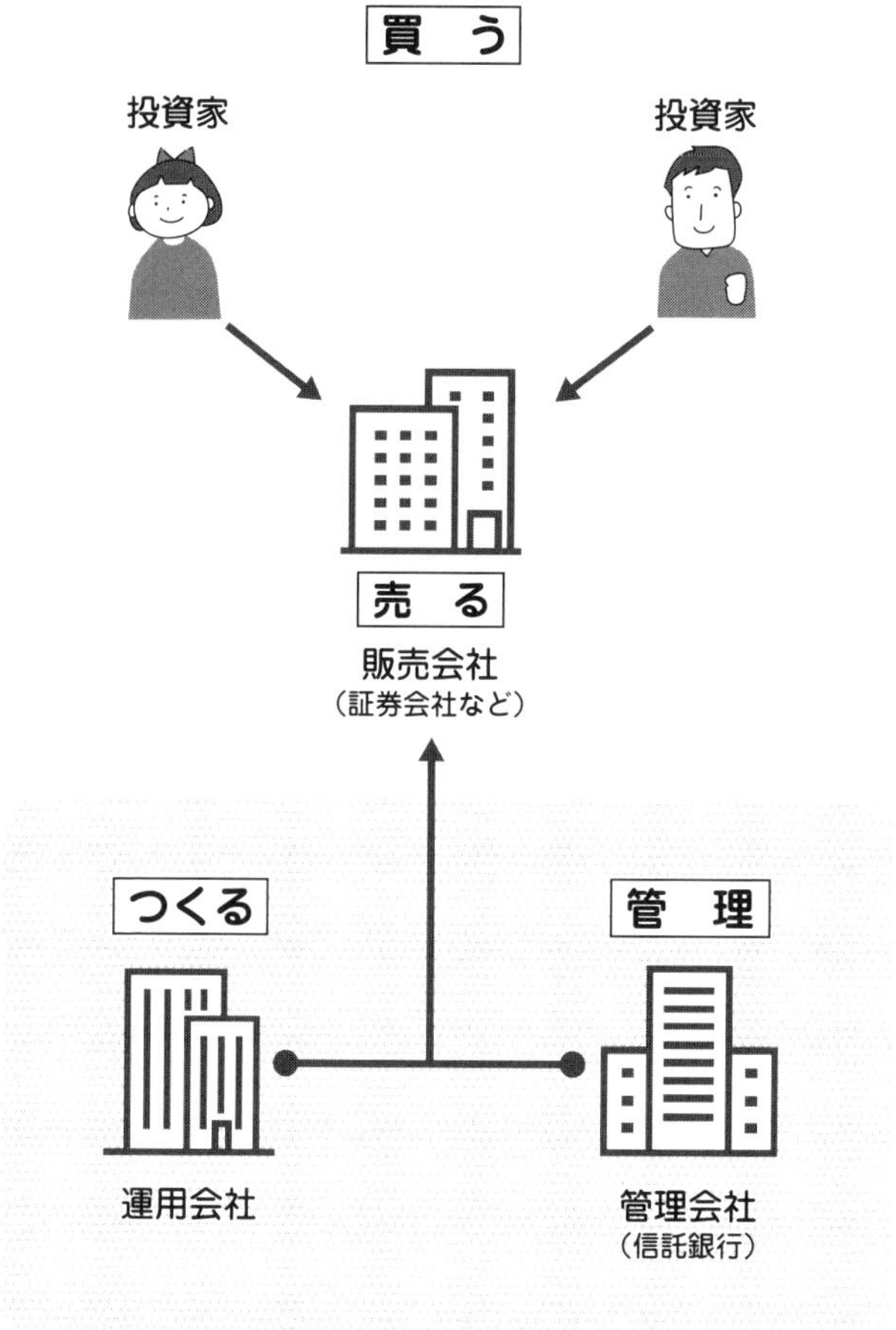

の購入や解約に応じたり、個人投資家の証券口座を管理しています。

続いて、投資信託の〝主役〟ともいうべき**「運用会社」**は、運用方針を決めて投資信託に組み込む金融商品（株や債券など）を選び、投資信託を組成（設定）する会社です。顧客の財産を殖やすため、運用方針を決め、収益予想を立てて投資信託を作る会社ですね。弁当でたとえるなら、弁当を作る工場です。

専門家であるプロの料理人（ファンドマネージャー）が、さまざまな食材の中からお客さんが喜ぶものを選んで料理し、販売会社に卸す。そんなイメージでしょうか。

そして、個人投資家から集めた資産を管理するのが**「管理会社」**です。運用会社からの指示に従って株や債券などを売り買いしたり、管理したりします。これも弁当でたとえるなら、売上金や弁当を保管する倉庫のような存在で、信託銀行が担います。

買う時はどの会社に注目すればいいの？

しかし、どうして1社で製造から販売までをしないのでしょうか。

簡単に言えば、販売会社、運用会社、管理会社のいずれかが万が一破綻しても、投資家が託した資金を守ることができるようにしているからです。つまり、投資家からしてみれば、何かあっても安心できる体制というわけです。

では、どのようにして投資家のお金を守るのか。ざっくりと説明しておきましょう。販売会社に入ったお金は管理会社である信託銀行で管理されています。運用会社は運用の指図を行うだけで、投資家のお金を預かっているわけではありません。

このように、顧客の財産を実際に預かり管理しているのは管理会社である信託銀行なのですが、顧客の財産と信託銀行自身の財産は分けて管理することが法律で義務づけられています。これを**「分別管理」**と言います。そのため、万が一、信託銀行が破綻しても投資信託の財産に影響はありません。

もし破綻しても、破綻時の基準価額で解約するか、他の信託銀行に移管されれば、投資家はそのまま投資信託を保有することができます。

ならば、実際に投資信託を買う時に注目するべき所はどこでしょうか。

それはずばり運用会社です。

弁当でもレストランでも、はたまた家電や車でも、どの会社が作っているかがポイントというわけです。もちろんそれは投資信託でも同じで、運用会社次第で善し悪しが決まると言っても過言ではありません。

また、運用会社によって〝個性〟も出ますから、その投資信託の運用成績に加えて、自分に合った個性で選んでみるのもいいことだと言えます。

運用会社の多くは名前に「アセットマネジメント」「投信」という言葉がついていいます。運用会社は銀行や証券会社の傘下にあることが多いのですが、最近ではそうした資本系列ではなく、金融機関から独立している運用会社も増えてきて、それらの運用会社が成績・人気ともに高い投資信託を提供しているケースもあります。

そういう意味では「この運用会社」の「この投資信託」を「この金融機関で買おう」という順番で検討するといいでしょう。

第2章 04

早い段階から無理なく始め長期運用のメリットを享受しよう

100円からでも運用できる

投資信託への投資は、まとまった資金を持っている資産家でなくても、手軽に始めることができます。前述のように、投資信託のつみたて投資であれば、少額から始めることができるからです。

たとえば、楽天証券やＳＢＩ証券などネット証券の「最低積立金額」は１００円からで、「積立金額単位」は１円からになっています。

ゆうちょ銀行やみずほ銀行、野村證券などでも１０００円から、１０００円単位で積み立てることができるようになっています。

冒頭でもお伝えしましたが、２０２０年の新型コロナウイルスの流行で証券会社に新しく口座を開く人が大きく増えました。

新型コロナウイルスが世界中で感染を拡大し、その不安から株式市場は歴史的な急落を記録。これまでの日本人であれば、「ほら、やっぱり投資なんて危ないじゃないか」と考え、さらに投資から距離を置くはずですが、今では大きく下落したからチャンスなのではないか、と考えて投資をするというマインドセットに切り替わってきているのです。

100円や1000円であれば、仮に半減してしまっても精神的に耐えられるでしょうし、投資を通じて経済や社会の仕組みを知ると思えば、授業料として考えることもできるという声も聞きます。

長期間運用することで預金とは大きな差

確かに、大きな資金を投じなければ、大きなリターンを得ることはできません。とはいえ詳しくは後述しますが、**「複利」で運用していくことにより、預貯金で貯めていくより大きくお金を殖やすことができます。**

積立年数と金額の推移

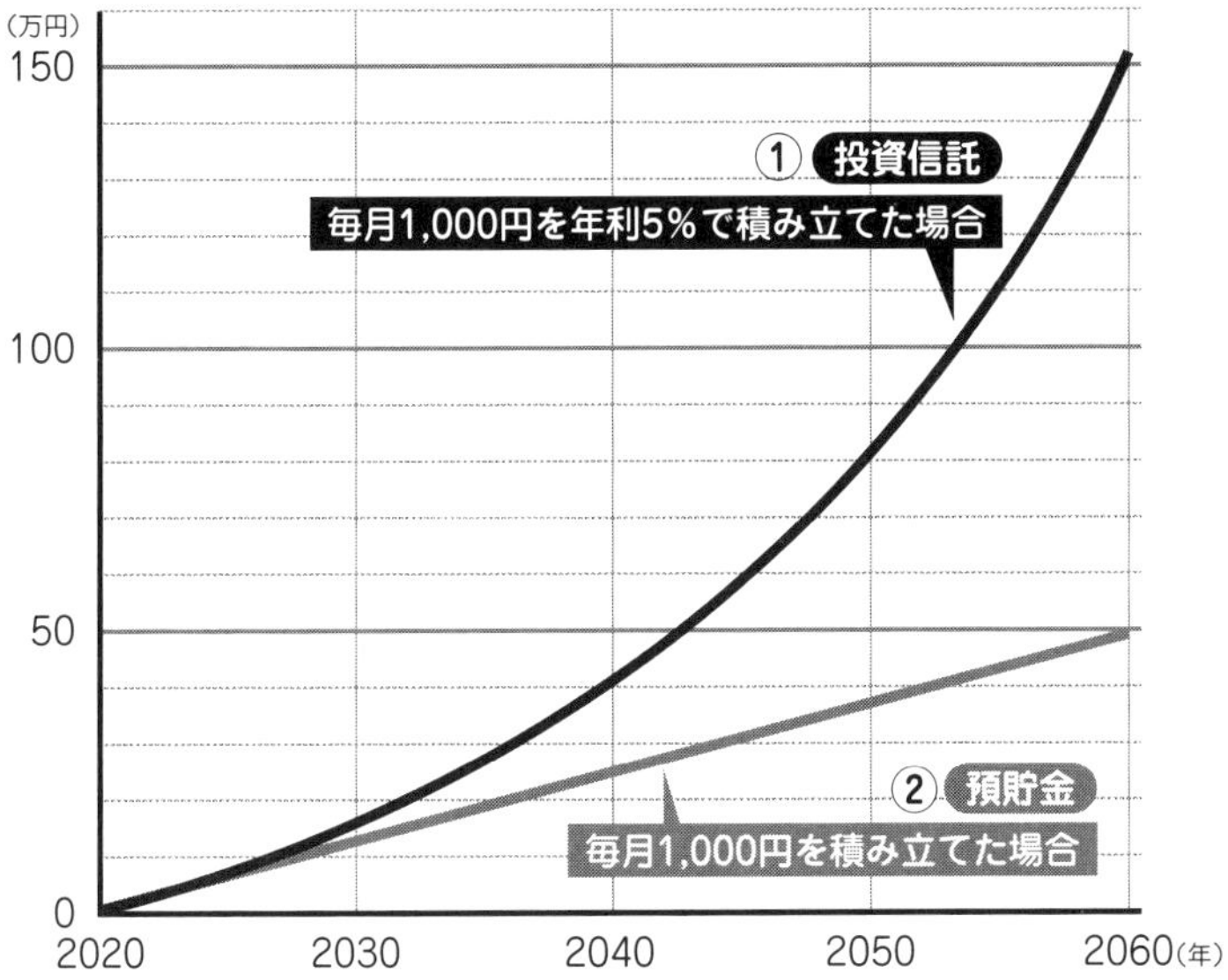

楽天証券ウェブサイト「積立かんたんシミュレーション」より作成
rakuten-sec.co.jp/web/fund/saving/simulation/

① 毎月1,000円を年利5%で積み立てた場合
② 毎月1,000円を積み立てた場合

10年後	①155,282円	－②120,298円	＝差	34,984円
20年後	①411,034円	－②241,199円	＝差	169,835円
30年後	①832,259円	－②362,706円	＝差	469,553円
40年後	①1,526,020円	－②484,822円	＝差	**1,041,198円**

たとえば、年率5％の利回りが期待できる投資信託があるとします。銀行預金の金利が0・05％だと仮定して、毎月1000円をつみたて投資した場合と、ただ預貯金にとして保有していた場合とで比較してみましょう。

スタート時点ではほとんど差はありません。ところが10年運用すると、投資信託が15万5282円なのに対して預金は12万0298円となり、3万4984円の差が出ます。その差は、運用期間が長くなればなるほど大きくなり、20年運用すると16万9835円、30年運用では46万9553円、40年の運用ではなんと104万1198円もの差となるのです（前ページ図を参照）。

このように、たとえ少額のつみたて投資でも、長い期間をかけて投資し続けていけば、大きなリターンを得られる可能性があるのです。

繰り返しお伝えしておりますが、無計画に老後を迎えてしまわないためにも、早い段階からの資産運用を考えていくべきでしょう。

第2章 05

金融商品に時間に地域……1本でも分散投資

卵を一つのかごに盛るな

投資の世界で有名な格言に**「卵を一つのかごに盛るな」**というものがあります。

これは、卵を一つのかごに盛ってしまうと、かごを落とした時に全部割れてしまうかもしれないが、複数のかごに分けて盛っておけば、一つを落としても他のかごに盛られた卵は無事で済むという意味です。

これを投資に置き換えるとこうなります。

一つの資産や銘柄に集中投資すると、その資産や銘柄の価値が下がれば、同時に資産全体の価値も下がってしまいますが、複数の資産に分散投資していれば、そのうちの一つの資産が値下がりしても他の資産が値上がりしていればカバーすることができ、投資資産全体の値下がりリスクを軽くすることができるというわけです。

先程から何度も「分散投資」と述べてきましたが、これが投資における「分散」の基本的な考え方です。

たとえば、株で運用しているとすると、多種多様の銘柄に投資しておけば、値下がりする銘柄もあれば、値上がりする銘柄もあるため、一部の損失をその他がカバーし、全体としてリスクを軽減させることができます。

また、株と債券は概ね逆相関の関係にあると言われていますから、株が値下がりした時に、値上がりした債券でカバーできるというわけです。

それだけではありません。投資信託は、いろいろなおかずを詰め込むことができる幕の内弁当のようなものだと述べました。株や債券だけでなく、不動産投資信託や金、原油といった商品（コモディティ）などさまざまな金融商品が詰め合わされているものもあります。

これらにそれぞれ直接投資しようと思えば、多額の資金が必要になってきます。それが投資信託であれば、少額でさまざまな金融商品に投資し、運用することができる上、リスク分散も図ることができるというわけです。

つみたて投資は時間も分散

この章の冒頭で「ドルコスト平均法」を紹介しましたが、覚えていますか？　簡単に復習すると、ドルコスト平均法とは価格が変動する金融商品を常に一定の金額で、かつ定期的に買い続ける手法でした。

もう少し詳しく説明すると、一定の金額を買い続けることで購入金額を固定化させるため、価格が上昇している場合は購入できる口数（購入できる投資信託の単位）が少なくなり、結果、高値づかみすることを回避できます。逆に価格が下落している場合には購入口数が多くなるため、一時的に価格が下落していても一定水準まで持ち直すと利益を上げることが期待できるというわけです。

これが一括で投資をして、高値づかみをした場合には、値下がりの影響をもろに受けてしまいます。

つまり、リスク分散を図ってそうした状況を回避することができ、日々の価格変動に一喜一憂しないで投資を続けられるというのが、ドルコスト平均法の優れた点なのです。


ただ、視点を変えると、**これは投資する「時間」を分散しているとも言えます。**

どういうことかと言うと、投資するタイミングを1回に限定すると、その後、価格が下落した場合に高値づかみとなってしまうリスクが高くなりますが、投資するタイミングを分散させることで、このようなリスクを低減させることができるからです。

もっと言うと、これは投資をスタートさせるタイミングをシビアに考えず、いつでも手軽に開始できるというメリットとも考えられます。

なぜなら値下がりしている段階でスタートしたからといって、運用成績が大きく悪化するわけではないからです。


このように、**ドルコスト平均法を利用したつみたて投資は、値動きに波のある金融商**

品へ投資をする際、投資タイミングや投資期間といった「時間」を分散してリスクとリターンを平準化しているのです。

ただし、投資期間中に株価が上昇し続けた場合は、一括投資のほうが圧倒的に有利ですし、投資期間の最後に大きく下落した場合は、ドルコスト平均法は投資成績がマイナスになることもあります。

そういう意味では、ドルコスト平均法によるつみたて投資は、値動きが大きく、値上がりと値下がりを繰り返しているような相場で強みを発揮すると言えるでしょう。しかしながら、ずっと値上がり続けたり、値下がり続けたりする市場はあり得ません。もちろん元本割れするリスクはありますが、それらを考えても、つみたて投資は分散がしっかりできている初心者向きの投資法だと言えます。

地域分散も手軽にできる

さらに言えば、投資信託では地域の分散も図れます。

投資信託は現在６０００本ほどの商品があると述べましたが、日本はもちろん、アメリカやヨーロッパといった先進国の金融商品に投資するものや、インドやブラジルといった新興国の金融商品に投資するものなど、その種類は実にさまざまです。

これはつまり、**少額かつ手軽に、世界中の金融商品に投資することができる**ということになります。

こうした投資信託ですから、日本株が下がってリターンが悪くても、アメリカ株のリターンが良かったり、インドの債券のリターンが良かったりすればカバーすることができ、リターンを得ることができるのです。

なかには、あらゆるものにバランス良く投資する投資信託もあります。「バランス型投資信託」と呼ばれるもので、自動的にリスクも分散されることになります。

このように、1本の投資信託を購入することで、世界中の金融商品に投資できる投資信託は、実に便利な金融商品だと言うことができるでしょう。

第2章 06

投資信託3つのデメリットと気を付けるべきNGポイント

投資信託3つのデメリット

これまで見てきたように、投資信託は、投資初心者が安定的に長期にわたって資産形成するにはもってこいの商品だということがおわかりいただけたと思います。しかし、メリットと裏腹にデメリットもあります。

まず、投資信託は投資をプロに任せます。そのため手間もかからずお手軽なのですが、その分、信託報酬（１３２ページ参照）を始めとする「コスト」がかかります。

そして、元本が保証されている預貯金とは異なり、購入額よりも売却額が下回る可能性があります。この**「元本保証ではない」**点もデメリットとして挙げられるでしょう。

さらにもう一つ。投資信託は、証券取引所に上場している株のように刻一刻と変化する価格で売買することができません。

投資信託には「ブラインド方式」が採用されており、適用される基準価額がわからない状況で売買注文が受理されます。投資信託が投資している資産の「評価値」が確定した後に取引ができてしまうと、引き続きファンドを保有する投資家の利益が阻害されるためというのが理由です。

言ってみれば受益者間の平等を確保するために設けられている制度なのです。そのため、**株などと違って「タイムリーに売買できない」**というデメリットがあります。

金融機関のセールスマンに騙されるな！

商品性だけでなく、購入や運用方法によって失敗するケースも少なくありません。

たとえば買い方について。

金融機関のセールスマンが推奨する投資信託は、プロの営業マンがキレイな資料を用いて説明してくれますから、とても良い商品のように思えます。しかし、よく考えてみてください。本当にその投資信託がいいのであれば、金融機関の職員みんなが購入していてもおかしくはありません。しかし、決してそんなことはないのです。

つまり、推奨している投資信託は、高い手数料が取れるなど「金融機関が売りたい」ものである可能性もあるわけです。したがって、**セールスマンの話を鵜呑みにして投資の判断をしてはいけません。**

そういう意味では、銀行などで預金金利の優遇とセットで投資信託を販売しているケースも見られますが、これも安易に買うのは避けるべきでしょう。全てとは言いませんが、預金金利よりも投資信託のマイナスのほうが大きくなり、結果的に損をしてしまうというケースもよくある話です。

頻繁な売買もＮＧ

投資初心者が陥りやすい間違いが、頻繁に売買を繰り返すことです。

特に、コロナショックの時のようにマーケットの暴落時などは、「このまま保有しているとさらに大きな損失が生じてしまうのではないか」「もうマーケットは戻ることはないのではないか」などと不安になってせっかく積み立てた投資信託を売ってしまったり、「暴落したから急反発するかもしれない」と反発狙いの買い注文を繰り返してしまいがちです。

しかし、**売買のたびに手数料がかかる投資信託もありますから、売買を繰り返すことで運用コストが膨らんでしまいます**。結果、それまでせっかく運用してきて得たリターンを食い潰してしまいかねません。

確かに、運用状況をチェックしたり、見直したりすることは重要なこと。

でも、それは一定期間ごとに行うべきもので、頻繁に売買しては損する可能性が高まるばかりですから注意が必要です。

第2章 07

投資信託も投資リスクが小さいと安心してはダメ

投資におけるリスクの種類を知ろう

初心者に最適な投資商品、それが投資信託ですが、リスクについて何も知らずに投資をしてはいけません。投資をするということはリスクと付き合うということ。リスクというものは完全に排除することはできないので、投資ではいかにリスクを抑えていくかが重要になってきます。この投資におけるリスクには、いくつもの種類があります。この章の最後に代表的なものを学んでおきましょう。

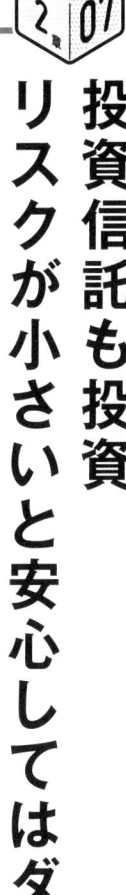

①信用リスク

信用リスクは株の場合、その会社が倒産してしまうこと。債券の場合は、国や会社の財政状態が悪化して、約束されていた金利が払われなくなったり、満期になっても元本が返ってこないこと。これらを信用リスクと言います。この金利が払われなかったりすることを債務不履行と言い、しばしばデフォルトという言葉が使われます。

ほとんどの国や、大企業についてはそれらが発行する債券を取引する投資家が多いため、格付け会社がそれぞれの債券にレーティング（格付け）を付けます。

たとえば、皆さんも見たり、聞いたりしたことがあるかもしれませんが、格付投資情報センターではAAA（トリプルエー）からDまで評価がわかれていて、最も信用できる債券にはAAAが付与されます。

当然、AAAの債券はリスクが低いわけですから、金利も低くなりますし、格付けが下がればリスクは高くなりますから、金利は高くなります。

②価格変動リスク

このリスクは金融商品であれば全てのものに発生するリスクです。ここでいうリスクは値下がりだけではなく、値上がりも含みます。

つまり、価格変動リスクが高いということは、価格が下落する危険性があるというわけではなく、価格の変動（これをボラティリティーと言います）が大きいという意味です。

③為替変動リスク

このリスクは海外資産に投資する場合に発生するものです。このリスクを意識できていない人も多いので注意しましょう。

たとえば、日本人が米国株を買う時は、日本円では買えないので、いったん日本円を米国ドルに両替をしてから米国株を買います。その後、５％値上がりしたので売却したとします。そして、米国ドルを日本円に戻しました。この時、株を買って得た５％の利益がそのまま手元に返ってくると思いますか？　もし、この間に日本円が米国ドルに対して５％安くなっていれば、実は利益は出ません。為替変動リスクはこのように両替をした際に、為替で差益（差損）が出る可能性を指します。

④地政学リスク

地政学リスクとは、投資先の国や地域が抱えている不確実性のことです。たとえば、しばしば紛争が起きる中東は地政学リスクがあると言えますし、私たちが住んでいる日本も時折、北朝鮮のミサイルが上空を通過したり、中国の漁船が領海に来たりするわけですから、欧米の投資家からみれば、日本もまた近隣諸国との地政学リスクを抱えていると言えます。同時多発テロが起きた際は米国における地政学リスクが上昇しましたし、その後はイスラム圏では爆破テロが増えたので、世界的に地政学リスクが高まりました。

⑤流動性リスク

流動性リスクとは、売却したい時にすぐに売却できないことを指します。イメージが湧きやすいように、例を出してみましょう。今トヨタ自動車とソフトバンクの株を1000株ずつ持っていたとします。明日売りたいと思った時にすぐに売れるでしょうか。両社の株が1日に取引されている金額や株数を考えれば、1000株であればすぐに売却できるでしょう。

それでは、あなたが今住んでいる家が持ち家だったとして、それを売り出した時にすぐに売れるでしょうか。おそらく、売れるまでに何日もかかるでしょう。場合によっては何ヶ月も、何年も買い手が見つからないかもしれません。このように不動産はいい例なのですが、流動性が低い商品と言えるでしょう。

第3章

カンタン
つみたて
投資の
始め方

第3章 01

つみたて投資は無理のない範囲で安定的に始めるのが正解

一攫千金狙いは絶対ダメ

銀行に預けていても全く増えないゼロ金利時代、そしてコロナショックのような有事の際に、投資信託によるつみたて投資がいかに有効な手段かわかったところで、ここからは「つみたて投資の始め方」についていて見ていくことにしましょう。

最初のポイントは、**「投資に充てる資金は余裕資金」**であること、そして**「無理のない範囲で積み立てる」**ということです。

ここで質問です。皆さんはなぜ、投資を始めたい、もしくは始めたのでしょうか？

その目的は、将来の生活基盤を作るため、またはコロナショックのような万が一のことが起きても困らないよう、老後資産を形成したいということではありませんか。

そのような目的である以上、一攫千金を狙って、給料の大半を投資に注ぎ込むような投資をしては本末転倒です。その投資が失敗すれば、将来の生活基盤どころか、今の生活さえおぼつかなくなってしまいます。

このようにギャンブルのような投資は避け、できるだけリスクを抑えた安定的な資産運用を心掛けましょう。

前述したように、投資をする以上、元本が保証されている預貯金とは違い、元本割れを始めとするさまざまなリスクを受け入れる必要があります。

しかし、そうしたリスクを可能な限り低減させながら、安定したリターンを出していく方法はあります。

そうした資産形成に向いているのが、何度も書きますが、長期運用で分散投資ができる投資信託によるつみたて投資というわけです。

投じる金額も、生活に支障をきたさない余剰資金の範囲に収めるべきです。前述したように現在は１００円や１０００円からでも投資ができます。

この程度の金額であれば無理がないでしょうし、長期間にわたって投資することもできるでしょう。

少なくとも7割は安定運用で

当然ですが、100円や1000円程度の金額では、たいしたリターンは望めません。しかし、焦る必要はありません。

投資を続けていく過程で給料が増え、投資に対する知識やノウハウが蓄積してきたら、適切なタイミングで金額を増やせばいいのです。

また、投資を続けていくうちに、投資信託以外の金融商品に対する投資もしてみたくなるかもしれません。

その時には資産配分をしっかりと考えるようにしましょう。いわゆる**ポートフォリオ**と呼ばれるものです。

気をつけるべきポイントは同じです。一攫千金狙いではなく、あくまで投資資産全体でしっかりとリスクを抑えられているか。一部は高いリターンが望めるような個別株などに投資しても構いませんが、少なくともポートフォリオの7割程度は安定的な資産形成ができる投資信託にすべきでしょう。

リスクが低く、分散投資もできる**インデックスファンド**（１４２ページ参照）、もしくは国内外の主な金融商品がバランスよく入っている「グローバル型の**バランス型投資信託**」（１７９ページ参照）と呼ばれるものがいいでしょう。

ポートフォリオを組む際の考え方は１８２ページにて紹介していますのでそちらを参考にしていただければと思います。

第3章 02

始めるなら賢く非課税で！NISAとつみたてNISAを活用しよう

120万円まで非課税のNISAを活用

2014年から、国は「貯蓄から投資へ」を旗印に、投資に対するさまざまな優遇制度を創設し、最近ではそのラインナップも充実してきました。投資信託の購入にあたっては、こうした制度を使わない手はありません。

「NISA（少額投資非課税制度）」もその一つ。

投資信託で得た分配金や売却した時の譲渡益などの収入が、最長で5年間、非課税になります。NISAを利用する際には「NISA口座」が必要になります。

NISA口座は原則1人につき1口座しか開設できません。

ただし、金融機関の変更は可能です（その年にすでにＮＩＳＡ口座内で金融商品の購入をしていた場合、変更できるのは翌年分から。その場合、変更前の金融機関のＮＩＳＡ口座では、追加の購入ができない）。

ＮＩＳＡ口座では、毎年１２０万円（２０１５年以前は１００万円）分の金融商品（株や投資信託など）が購入できます。非課税で保有できる投資総額（非課税枠）は、最大で６００万円まで（1年で１口座開設でき最長5年なので、１２０万円×５口座）となります。

非課税期間の5年間が終了した時には、保有している金融商品を翌年の非課税投資枠に移す（ロールオーバーする）ことができるほか、ＮＩＳＡ口座以外の課税口座（一般口座や特定口座）に移せます。

ロールオーバー可能な金額に上限はなく、その時の投資信託の値段が１２０万円を超えている場合も、そのすべてを翌年の非課税投資枠に移すことができます。

現在、ＮＩＳＡは２０２３年までの制度とされていますので、金融商品の購入を行うことができるのは２０２３年まで。ただし、２０２３年中に購入した金融商品について

NISA口座の限度額と期間

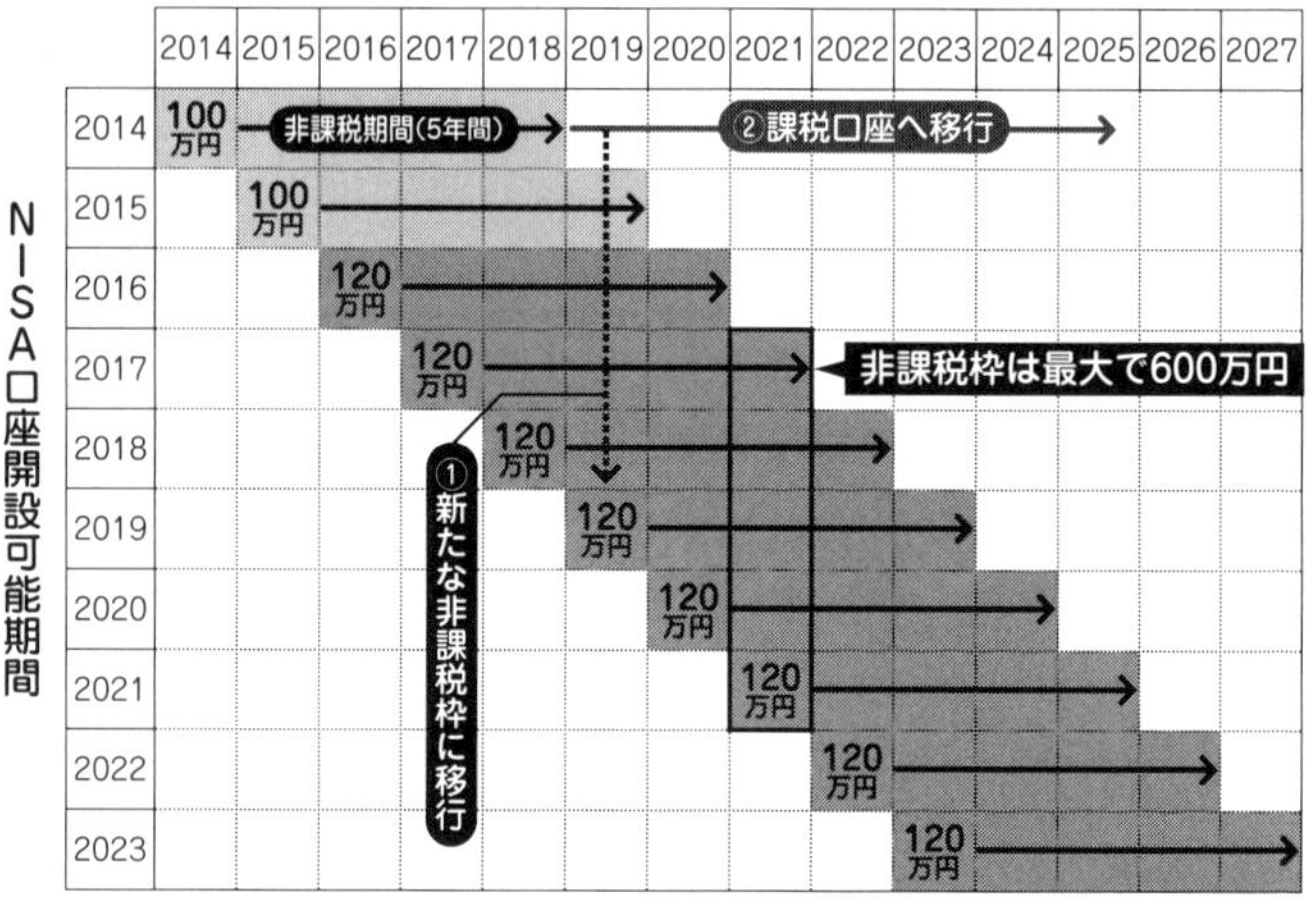

※金融庁の資料を基に作成

も5年間（2027年まで）は非課税で保有することができます。

一方で、デメリット、注意すべき点もあります。

まず、NISAで取引した損益は、他の口座（一般口座や特定口座）と「損益通算」ができないという点です。損益通算とは、利益と損失を相殺して課税対象になる利益の金額を抑えることです。ある口座で損失が出た場合には、その他の口座で生じた利益から損失を差し引いた利益で税金を計算することになります。

NISAの非課税期間内に保有資産が値

下がりし、その後、他の口座に移して値上がりした場合、当初の購入価格と売却価格から見て損失が出ている状況でも、課税対象となってしまいます。

　また、損失を翌年以降に繰り越しすることもできません。前年の損失を翌年の利益で相殺しようとしても、それはできません。

　そして、非課税枠の再利用や繰り越しもできません。一度、１２０万円に達した場合、一部を売却しても買い足せませんし、使い切れなかった非課税枠を翌年の非課税枠に繰り越すことができないというわけです。

40万円まで非課税のつみたてＮＩＳＡ

「つみたてＮＩＳＡ」という制度もあります。

　これは、２０１８年1月からスタートしたつみたて投資専用のＮＩＳＡのこと。従来からあるＮＩＳＡ（以下、一般ＮＩＳＡ）同様、投資で得られた譲渡益（売却益）や分配金が非課税の対象となります。

「つみたてＮＩＳＡ」という制度が誕生した背景を振り返ってみましょう。

金融庁が一般ＮＩＳＡを導入した背景には、現役世代を中心に安定的に資産を形成してもらいたいという狙いがありました。したがって一般ＮＩＳＡは、投資のセオリーともいうべき「長期・分散・積立」ができる制度設計になっているとともに、投資の利益に対して一定期間非課税という税制優遇を創設しました。

ところが、いざ制度がスタートしてみると、一般ＮＩＳＡを利用しているのは60代や、70代といった高齢者が中心で、積み立てによる利用者は、総口座数の1割以下でした。つまり、一般ＮＩＳＡは金融庁の意に反し、短期的な値上がりを求めてまとまったお金を一度に投資する人たちに使われたという現状がありました。

そこで、もっと幅広い人たちが安定的に資産を形成できるよう、長期にわたって分散、積立ができる制度として作られたのが「つみたてＮＩＳＡ」というわけです。

つみたてＮＩＳＡの特徴は、年間40万円を上限とする非課税枠までの投資で得られた利益に対し、最長20年間非課税になることです。

つみたてNISA口座の限度額を期間

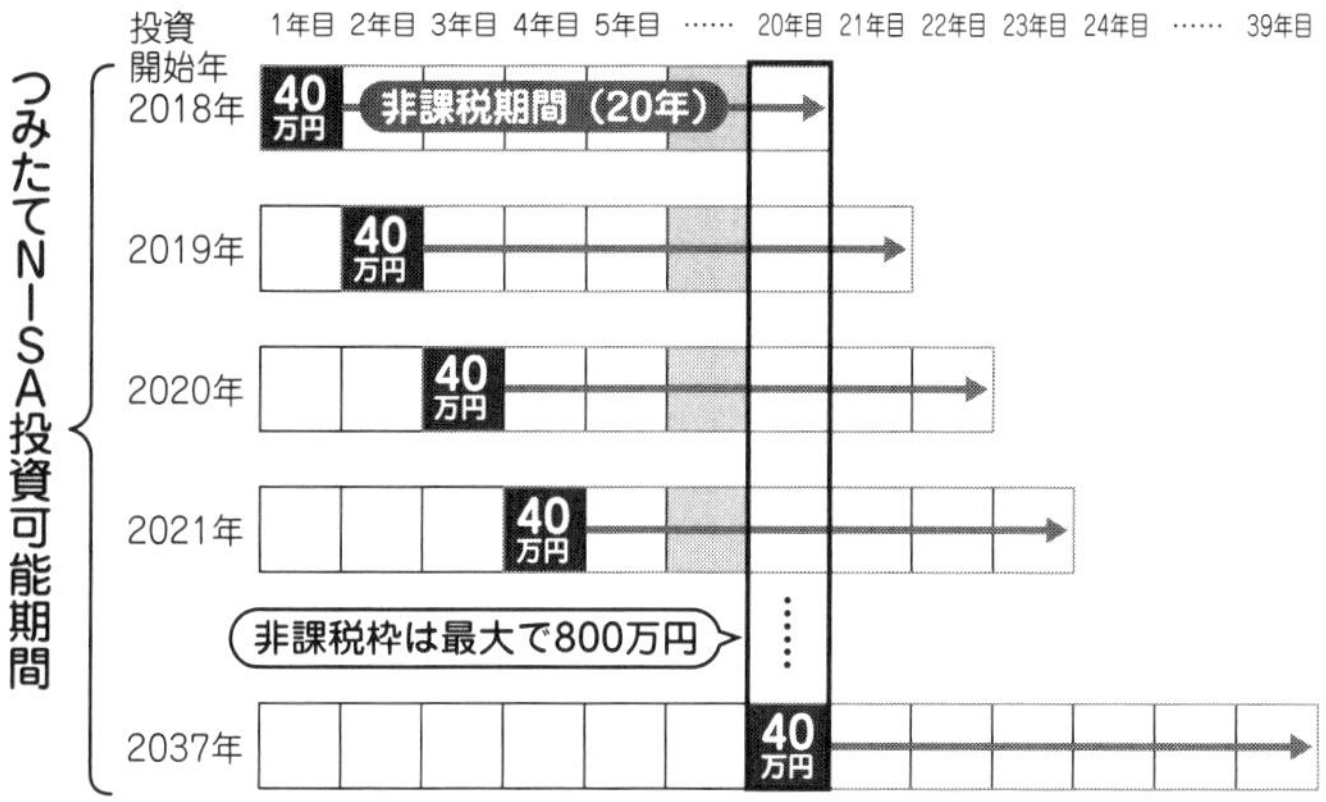

※金融庁の資料を基に作成

今のところ投資可能期間は37年までです。たとえば２０１８年からスタートした人は、年間40万円という上限枠いっぱいまで積み立てたとすると、２０３７年まで20年間積み立てられるので、40万円×20年＝８００万円の投資元本を積み上げることができます。

また、**つみたてNISAで購入できる金融商品は、すべて金融庁による一定の基準をクリアした投資信託やETF（上場投資信託）**です。

もちろん、基準を満たしているからといって、それらが必ず値上がりすることは保証されていません。ですが、初心者に不向きなものや、つみたて投資に適さないものは最初から除外され、投資初心者でも投資先を選びやすい仕組みとなっています。

つみたてＮＩＳＡのメリット

こうしたつみたてＮＩＳＡのメリットは、非課税になることに加えていくつかあります。まず１００円など少額から始められること。そして、一括投資は認められておらず、投資方法は「つみたて」しか選べませんが、積み立てる頻度は幅広く、毎日、毎週、毎月、隔月、３ヶ月ごと、半年ごとなど、自分のライフスタイルに合わせて選べます。したがって、自分の給料日などに合わせて、事前に指定した金額を、自動的に投資にまわすことができます。

売買するタイミングを見計らって投資をするのはプロでも難しいものですが、毎月淡々と買い付けていくので、投資タイミングの判断がいらず、買い付ける手間もかかりません。

さらに、つみたてＮＩＳＡにラインナップされている商品は、金融庁が「長期」「積み立て」「分散投資」に適していると判断した投資信託です。

具体的には、**「販売手数料が無料」「投資信託の運用が行われる期間が20年以上」「分配金を支払う頻度が毎月ではない」「信託報酬などのコストが低水準」**などといった選定基準がありますので、投資初心者にも向いていると言えます。

そのほか、いつでも換金でき、住宅資金や教育資金、老後資金など用途に合わせて活用できること、そして、この後に述べるｉＤｅＣｏ（個人型確定拠出年金）と違って、何歳から始めても長期でつみたて投資ができることなどもメリットでしょう。

ただし、デメリットもあります。

金融庁が選んだ投資信託とはいえ、元本保証されているわけではない点です。あくまで〝金融庁厳選〟であって、金融商品であることには変わりないのです。また、話題になった投資信託や、好パフォーマンスの投資信託に投資したいと思っても、その投資信託がつみたてＮＩＳＡの対象でなければ購入することはできません。

さらに、**つみたてＮＩＳＡと一般ＮＩＳＡは併用ができません。**そのため、非課税枠の中で国内外の個別株式やＲＥＩＴ（不動産投資信託）へ投資をしたいと思った場合、つみたてＮＩＳＡではなく一般ＮＩＳＡを選ぶ必要があります。

そのほか、損益通算できないという点や、損失を繰り越しできないという点、そして非課税枠を翌年以降に持ち越せないといった点は一般ＮＩＳＡと一緒です。

なお、令和２年度（２０２０年度）の税制改正大綱では23年に終了する一般ＮＩＳＡに代わり、２０２４年から２０２８年まで非課税枠を使って投資ができる新ＮＩＳＡの創設が盛り込まれました。また、つみたてＮＩＳＡも期間が５年延長され、２０４２年までとなる予定です（２０２０年５月時点）。

第3章 03

運用益は非課税、控除もさまざま！大きな税制優遇がｉＤｅＣｏの魅力

自分で積み立てる年金

税制優遇が受けられる制度として、これまでＮＩＳＡやつみたてＮＩＳＡを見てきました。同じように税制優遇が受けられる制度に「ｉＤｅＣｏ」というものがあります。ただこれは、ＮＩＳＡなどとは性質が異なるものです。

では、詳しく見ていくことにしましょう。

ｉＤｅＣｏは正式名称を「個人型確定拠出年金」と言います。

超高齢化社会の到来に加え、ゼロ金利政策が今後も続くことが確実な中で、セカンドライフを送るに当たり、公的年金だけでは心もとないのが現状です。そのため、年金

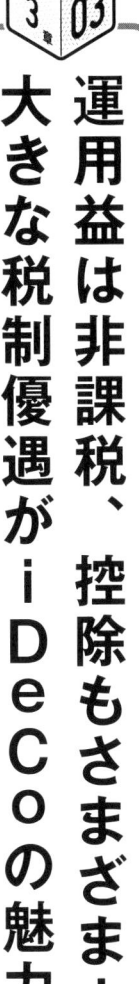

（国民年金、企業年金、厚生年金など）に上乗せする年金を自分自身で作る努力をしてくださいというのがiDeCoなのです。

要は、「国は、財政状況が厳しくてこれ以上面倒をみることができないから、その分は各自で備えてね」という話なのですが、「その分、税制を優遇しますよ」となっているわけです。そのため、掛金を自分自身で運用しながら積み立て、原則60歳以降に受け取るというiDeCo**はいくら積み立てるか、どんな金融商品で運用するか、どのように受け取るかなど、全て自分自身で決めることができる制度となっています。**

投資信託で積み立てることが可能

では、その内容をもう少し詳しく見ていきましょう。

まず、「掛金」ですが、月額5000円から1000円単位で選ぶことができます。掛金は年1回変更が可能で、60歳まで積み立てます。2018年1月からは、年単位などで掛金を支払うことが可能となりました。つまり、ボーナス時にまとめて拠出するなど自分のライフプランに合わせた拠出ができるようになったわけです。

ただ、職業によって掛金の限度額が決まっています。

（１）自営業者（第１号被保険者）は月額６万８０００円、年額81万６０００円まで。

（２）会社員（第２号被保険者）のうち、企業年金がない場合は月額２万３０００円、年額27万６０００円、企業型確定拠出年金のみ加入の場合は月額２万円、年額24万円、企業型確定拠出年金と厚生年金基金、確定給付企業年金に加入している場合は月額１万２０００円、年額14万４０００円、厚生年金基金と確定給付企業年金に加入している場合は月額１万２０００円、年額14万４０００円となっています。

そして（３）公務員（第２号被保険者）の場合は月額１万２０００円、年額14万４０００円、（４）専業主婦（第三号被保険者）の場合は月額２万３０００円、年額27万６０００円となっています。

「運用」に関しては、元本を確保するか否かのタイプがあります。

このうち元本確保タイプは、定期預金や積立年金保険、傷害保険などです。もちろん元本を保証されるため、年金という意味合いでは安心ですが、利率が低く、昨今のゼロ金利政策の下で管理手数料などのコストを鑑《かんが》みると選ぶメリットはあまりないかもしれません。

一方の、元本を確保しないタイプは投資信託です。元本は確保されませんが、当然、元本確保タイプと比較するとリターンは大きく、種類も豊富なのでニーズに適した運用ができると言えます。

iDeCoでは、加入者自身が配分を指定して運用されます。そのため加入したら、まず掛金の配分割合を指定する必要があります。毎月の掛金が1万円の場合、商品Aを5000円分買いたい時は、「商品Aを50%買う」という指定にします。

掛金が引き落とされた後、指定した配分割合に従って、運用商品が購入される仕組みです。配分割合は1%単位で指定でき、合計が100%になるように指定します。

投資信託で運用する場合は、通常の投資と同じように運用状況によって受け取ることができる金額は変わります。したがって、運用する投資信託選びは重要です。加入する金融機関が用意しているラインナップの中から慎重に選んでください。

ただし、始めてみて「違った」と思っても大丈夫。運用する投資信託を見直すこともできますし、資産配分を変更することもできます。運用機関が送ってくる書面やインターネットで運用状況を見て、見直していけばいいのです。

最後に「受け取り」ですが、あくまで年金のため、**原則60歳までは引き出せません。**ここが、いつでも引き出せるＮＩＳＡとの最大の違いで注意が必要です。60歳以降に給付請求を行うことで、積み立てた金額を「老齢給付金」として受け取ることができます。ただ、60歳時点で加入者期間が10年に満たない場合は、支給開始年齢が引き伸ばされます。

受取方法は、「老齢年金方式」、つまり分割で5年以上20年以下の期間で受け取るか、「老齢一時金」として一括で受け取るかを選択できるほか、年金と一時金を組み合わせて受け取ることも可能です。

また、転職などで勤務先が変わっても、積み立てたものはそのまま移転できますので、その点は心配無用です。

大きな税制優遇が魅力

こうしたiDeCoの最大のメリットは、大きな税制優遇が受けられることです。まず、**掛金全額が所得控除になります**。たとえば毎月の掛金をわかりやすく1万円とします。所得税が20％とすると年に2万4000円が軽減されます。加入が40歳で、20年間運用したとすれば48万円も軽減されるわけです。

それだけではありません。**運用益も非課税になります**。運用益には通常、源泉分離課税が20・315％（＝所得税15％＋復興特別所得税0・315％＋住民税5％）課せられますが、これが非課税になるのです。

受取時にも控除があります。一時金で受給する場合、「退職所得控除」が適用されます。これは、一時金受取額から退職所得控除額〔40万円×20年＋70万円×（勤続年数－20年）〕（勤続年数20年超の場合、20年以下は40万円×勤続年数）を差し引いた金額の2分の1の金額に課税されることになるというものです。

年金で受け取る場合には、「公的年金等控除」が適用されます。これは、公的年金の収入額から控除されるものです。公的年金の収入額と65歳を境にして計算方法が違いますので、国税庁のホームページなどでご確認ください。

こうした控除もあり、税制優遇はかなり大きいものとなるわけです。

ただ、デメリットがないわけではありません。前述したように60歳になるまでは引き出せないことが最大のものでしょう。

それ以外にも、運用する金融機関に口座管理手数料を支払わなければなりません。また年収１０３万円以下の専業主婦の場合、もともと所得税非課税の範囲なので、ｉＤｅＣｏの所得控除がメリットにはなりません。

第3章 04

スマホでラクラク投資信託の口座を開設しよう

口座開設は超簡単！

では、実際に投資信託を買うにはどうすればよいかを解説していきます。

まず、投資信託を買うには「証券口座」を作らなければなりません。

証券口座は銀行や証券会社の支店に行き窓口でも開設できますし、最近ではパソコンやスマートフォンからも簡単に開設できます。手数料の安さや豊富な商品数、口座開設や取引の手軽さ、情報収集や分析ツールの充実などもあって、個人投資家にはネット証券が人気となっています。

ここではネット証券を使った口座開設の方法を見ていきましょう。

詳しくは後述しますが、まず口座を開設する証券会社を選びます。

選んだら、その証券会社のホームページから口座開設を申し込みます。これは必要書類を郵送で口座開設する場合も、オンラインで口座開設する場合も同じです。

その際、必要事項を案内に従って入力していきます。この作業は少々面倒くさいですが、投資したり、運用益を受け取ったりするためですので、間違いのないよう入力していきましょう（この時口座の種類として「一般口座」か「特定口座」を選択しなくてはいけませんが、そちらは次の項目で詳しく解説します）。


郵送での口座開設を選んだ場合は、申し込んでからしばらくすると、選んだ証券会社から口座開設に関する必要書類が郵送されてきます。その書類に、必要事項を記入して押印、本人確認資料やマイナンバーの写しなどを同封して返送し、口座を開設します。


一方、オンラインで口座を開設する場合はさらに簡単。

今では本人確認資料やマイナンバーカードなどをパソコンやスマートフォンからアップロードできるようになっているところが多く、画面の案内に従い必要事項を記入するとともに、それら本人確認に必要な書類をアップロードすれば、口座開設手続きが終了します。

よく図説で口座開設方法を紹介する本がありますが、ネット証券なら画面の案内に従って入力していけば、たいてい5分程度で開設手続きが終了してしまうぐらい本当に手軽にできてしまいます。なかには想像していたよりも簡単すぎて、「本当にこれだけで開設できたの？」と思う人もいることでしょう。

その後は、口座開設が終わったという通知書やＩＤ・パスワードなどのログイン情報が送られてきますから、それらを使って初期設定を行えば取引が始められます。

また、楽天証券をはじめとするネット証券では、先程紹介したＮＩＳＡ口座やつみたてＮＩＳＡ口座の開設を同時にできる証券会社もあります。

口座開設選び４つのポイント

では、たくさんある金融機関の中から、どこで口座を開設すればいいのでしょうか。大きく分けて４つのポイントがあります。

まず、第1に**「扱っている投資信託の本数が多い金融機関を選ぶ」**ということです。現在、６０００本余りの投資信託が販売されていますが、全ての証券会社が全ての投資信託を扱っているわけではありません。選択肢は多いほうがいいでしょう。たとえば楽天証券やＳＢＩ証券などは、いずれも２６００本を超える投資信託を扱っています。

次に**「取引手数料の安さ」**です。投資信託であれば、１日に何度も売買することはほとんどないでしょう。しかし、投資の経験を積んで将来、株式投資や債券投資などをやってみたくなることがあるかもしれません。その時のためにも、取引手数料が安いに越したことはありません（手数料について詳しくは１３０ページを参照）。

そして、３つ目は**「取引ツール、サポート体制の充実」**。投資を始めると投資信託の価格が気になるだけでなく、日本の経済ニュースや株価情報なども気になり始めます。また、数多ある投資信託の中から、自分のニーズにあった商品を選ぶのも大変です。そんな時、分析ツールや、情報収集ツールなどがあると便利です。

各社、顧客ニーズを汲み取った便利なツールを提供していますから、ツールの機能や使いやすさで比較してみるのもいいかもしれません。また、投資初心者は迷うことが多いですから、サポート体制が充実しているとうれしいですよね。

最後に、証券会社は各社、口座開設や投資信託の購入にあたって、**さまざまな特典やキャンペーン**を用意しています。たとえば、口座を開設するだけで1000円分のポイントがもらえたり、取引ごとにポイントがもらえたりしますし、ネットバンクでは、銀行の金利が優遇されたりと、多種多様です。

会社別のメリットとデメリット

証券会社の業態ごとのメリットとデメリットも比較しておきましょう。

まず「大手証券会社や銀行の店頭」のメリットは、対面で相談できることに尽きます。ただデメリットとして、販売手数料が高いことに加え、品揃えが系列の運用会社の商品中心になって自由に選べないことが挙げられます。また、銀行の場合は、運用の専門家ではない職員が対応するケースもあります。

知識がなくて不安だから窓口に行くというケースがほとんどかと思いますが、知識がない時ほど窓口で相談するリスクは上がるとも言えます。相手は商品販売のプロですから、「運用したいお金があるんだけど、知識がなくって……」という姿勢で行けば、まさにカモがネギを背負《しょ》って歩いてきたのと同然です。

一方、**ネット証券のメリットは、商品が豊富であり、手数料が安い**ことが挙げられます。デメリットは、基本的には自分で全てやらなくてはいけないことです。もちろん、コールセンターなどに問い合わせることは可能ですが、なかなか電話がつながらないこともあります。

ただ、投資は自己責任ですから、自分で調べて納得したものに投資をすべきですので、あらゆることを考えるとネット証券のほうがメリットは大きいでしょう。

ネット証券を手数料や、商品ラインナップの充実度、顧客フォローの充実度など、さまざまな視点で比較するサイトもありますので、自分にあった金融機関を選んでみてください。

第3章 05

投資初心者は必ず「特定口座」を選択「源泉徴収あり・なし」は投資スタイルで

売却益に税金がかかる

証券会社や銀行で証券口座を開設する際、必ず聞かれるのが、「一般口座にしますか？それとも特定口座にしますか？」という質問です。

実はこれ、非常に大事な選択です。

その前に、ここで投資信託の取引にかかる税金について詳しく見ておきましょう。

投資信託を売買する際、売却（解約）して利益が出ると、利益の20・315％が課税されます。

たとえば、20万円で買った投資信託を30万円で売った時、その利益は10万円ですが、そのうち10万円×20・315％＝２万315円が税金として徴収されますので、実際に受け取れる額は10万円－２万315円＝７万9685円となります。

分配金にも税金はかかります。

税率は売却益にかかる率と同じですが、受け取る時にあらかじめ税金が差し引かれて支払われる（源泉徴収）ので、確定申告による納税の手続きは必要ありません。

ただ、分配金の場合、少しややこしくなります。というのも、その分配金が利益かそうでないかで税金がかかるか否かが決まるからです。

分配金は「普通分配金」と「特別分配金」（「元本払戻金」とも言います）の２種類に分けられます。

普通分配金とは、投資信託を購入した時の金額を「上回る分」の分配金のこと。この部分は利益になりますので税金がかかります。これに対し、特別分配金とは購入した時の金額を「下回った分」の分配金のこと。この場合、投資した元本の一部が払い戻されるので〝利益〟ではないとされ税金はかかりません。

特定口座は面倒な手続きが不要

それでは、「一般口座」と「特定口座」の違いは何なのでしょうか。

納税に当たっては、1年間の投資信託や株などの売買で、どれだけの利益または損失が出たか計算をした上で、「年間取引報告書」を作成し、確定申告をしなければなりません。一般口座の場合、いずれも自分自身でやらなければなりません。これに対して**特定口座は、金融機関が年間取引報告書を作成してくれます。**

また、**「源泉徴収あり」「源泉徴収なし」**を選ぶのですが、**「あり」を選ぶと納税後の処理まで全て金融機関がやってくれます。**

「なし」の場合は、金融機関が作ってくれた年間取引報告書を使って、投資家自らが確定申告を行い、税金を納めなければなりません。

したがって、納税の手続きに詳しくない投資初心者や、手続きが面倒だと考える人は、**特定口座の源泉徴収ありを選択する**といいでしょう。

売却益次第では注意が必要

ただ、注意すべき点もあります。

所得が１ヶ所からの給与所得だけで２０００万円以下、給与所得以外の収入も20万円以下の場合、確定申告は不要です。

したがって、給料が２０００万円以下の人で、投資信託の売却益が15万円だった場合は、確定申告をする必要がないわけですから、このような人が「源泉徴収あり」を選んでしまうと、先の計算でいくと、自動的に３万４７２円が納税されてしまうことになります。

つまり、投資を始めたばかりでそんなにアグレッシブな取引をしないだろうと考える人や、**そもそもＮＩＳＡやつみたてＮＩＳＡの範囲内で取引をしようと考えている人は、「特定口座の源泉徴収なし」を選んでおいたほうがいいでしょう。**

第3章 06

投資信託の基準価額と純資産総額はどっちが重要？

基準価額は規模と口数で決まる

投資信託の値段は「基準価額」と呼ばれ、「口数」という単位で取引されます。では、いったい基準価額はどのように決まるのでしょうか。

簡単に言えば、「投資信託の規模」を「保有者の持ち分」で割ったもので決まります。投資信託の規模は、**「純資産総額」**と呼ばれます。これは、**「組み入れている株や債券の評価額（終値×保有数）＋配当や利息などの収入－運用管理費用（信託報酬）などの手数料」**で求められるものです。これを、投資信託を持っている人の持ち分（口数）である「受益権総口数」で割ったものが、投資信託の価格、**「基準価額」**になるのです。

正確には**「純資産総額÷受益権総口数×基準単位」**という計算式になります。

この基準価額は、株や債券と違って、刻一刻と変わるわけではありません。投資信託が投資している株の終値と株数を集計するのが1日1回のため、投資信託の基準価額も1日1回だけとなっています。

公表されている基準価額は、通常1万口あたりの値段となっています。というのも、投資信託が販売される時、最初は1万口当たり1万円に設定されているからです。

その後、運用実績や分配などで純資産総額が増減していきますので、その時々の純資産総額を1万口当たりの時価評価にしたもの、それが基準価額というわけです。

基準価額より純資産総額を見る

このうち、純資産総額は2つの要因で変動します。

まず、マーケット要因です。投資信託の中に入っている株や債券が上がれば純資産総額は増えますし、下がれば減少します。

もう一つは、投資家要因です。投資信託を購入する人が増えれば資金が流入し、純資産総額は増えますし、解約が増えれば減少します。

そういう意味で**純資産総額は、投資信託を選ぶ際のバロメーター**の一つになります。運用状況が良好で投資家の人気が高い投資信託の純資産総額は増えていきます。つまり、純資産総額は投資信託の「投資価値」を表していると言えるのです。

純資産総額が大きいだけで、いい投資信託であるとは断言できませんが、純資産総額はそれなりの規模があったほうがいいのです。なぜなら規模が小さいと運用が困難になるからです。

ただ、純資産総額が大きかったとしても、足元の数ヶ月にわたって減少し続けているものには、注意が必要。そこには何か理由があるはずです。

たとえば、純資産総額が同じ100億円の投資信託があったとしましょう。そのうちの一つは、もともと50億円だったもの、そしてもう一つが120億円だったものであれば、前者の投資信託を選ぶべきだと言うことです。

つまり、**安定的に増えているものがベスト**だといえます。

純資産総額と基準価額の関係

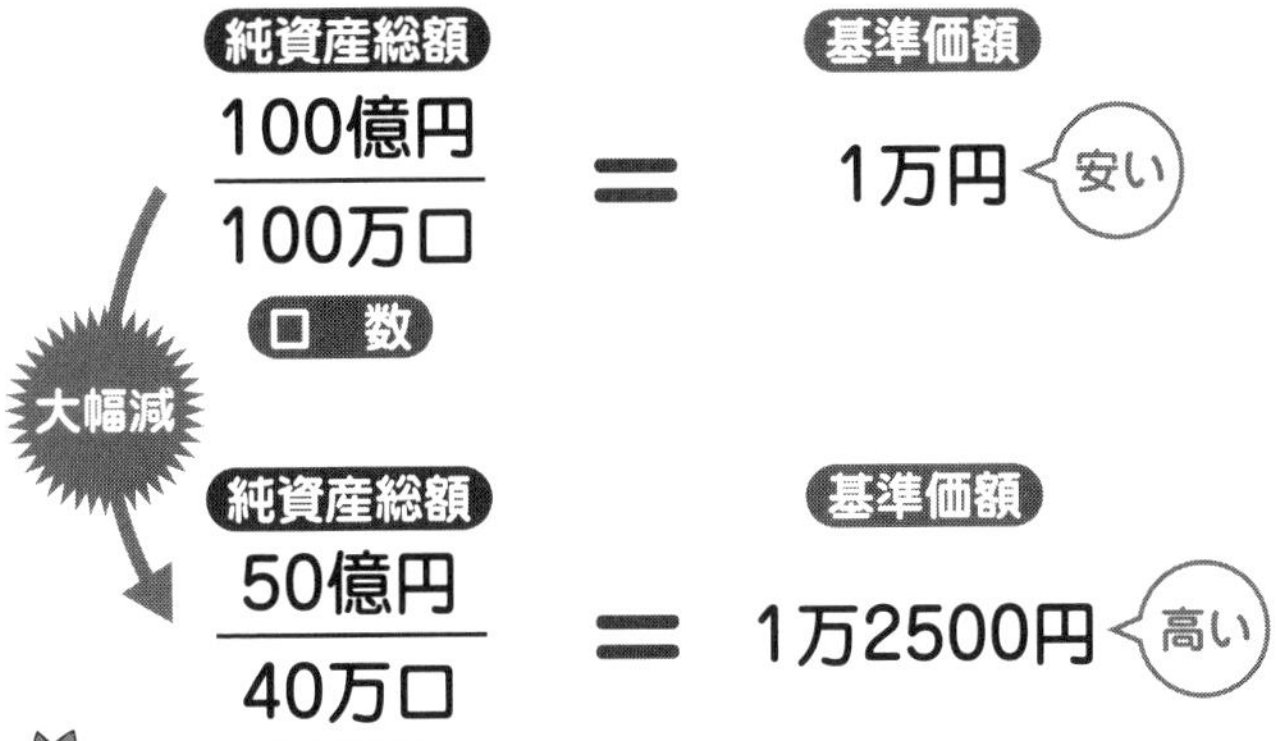

※わかりやすくするため基準単位はあえて考えていない

基準価額だけで判断するのは要注意！

基準価額はあてにならない？

一方で、基準価額はあまり当てになりません。

前述したように基準価額は、純資産総額を口数で割ったものです。そのため、**純資産総額の減少とともに口数も減少すると、基準価額が上昇する**、なんてこともあり得るのです。

純資産総額が減っていることは、前述のようにいいことではないばかりか、要注意です。したがって、基準価額の上昇や下落で一喜一憂してもあまり意味はなく、それよりも純資産総額の増減を見るべきだといえるでしょう。

第3章 07

投資信託の2つの利益売却益と分配金

投資信託は長期でやるからメリットがある

投資信託を購入した場合、どのように利益を受け取ることができるのでしょうか。投資信託による利益には二種類あります。**「売却益（キャピタルゲイン）」**と、**「分配金（インカムゲイン）」**です。

このうち売却益は、ひと言で言うなら投資信託を解約した時に出る利益です。投資信託を購入した時よりも、売却した時の基準価額が値上がりしていれば、解約時（売った時）に利益が出ます。

たとえば、基準価額1万円の投資信託を100万円で購入した場合、基準価額が

１万５０００円になった時に売却すれば、手数料や税金などを考慮しない単純計算で50万円の利益になります。

ただ、本書では何度も言っていますが、つみたて投資の場合は、長期で投資することにメリットがあるので、売却益が得られそうだからといってすぐに売却することはお勧めしません。

投資信託の売却時期やそのやり方については、２１３ページで詳しく解説していますので、そちらを参照してください。

分配金には要注意

一方の分配金は、簡単に言えば、「運用に基づいて得られた利益（運用益）を投資口数に応じて配分されるお金」です。支払われる時期や回数は商品によって違います。

ただ、注意しなければならないのは、分配金は運用会社が設定した決算の日の純資産総額の中の分配金用にストックされている「分配可能原資」の範囲内で支払う仕組みになっているということです。

したがって、運用益がマイナスの場合は、純資産総額の一部を切り崩して支払うことになり、投資家自らの資産を切り崩してしまうことになります。そういう意味で、銀行の定期預金などの利息とは違います。

また、純資産総額の一部を切り崩して支払うということは、言い換えれば純資産総額が減ってしまうということですので、基準価額も下がってしまいます。このような配当を「タコ配」と呼ぶこともあります。なぜタコ配と言うのかは、タコが自分の足を食べるようなものだからと言ったらイメージしやすいでしょうか。

そもそも分配金をアテにするような投資はお勧めしません。

というのも分配金を頻繁に出すと、運用益を再投資することによって得られる〝複利〟の効果が薄くなる（次の項目で詳しく紹介します）のに加え、分配金を受け取るたびに税金も取られてしまうからです。そうしたマイナス点を考慮し、分配金がない、もしくはなるべく払わないようにしている投資信託もありますから、そういう商品を選んでいくといいでしょう。

分配金と基準価額の関係

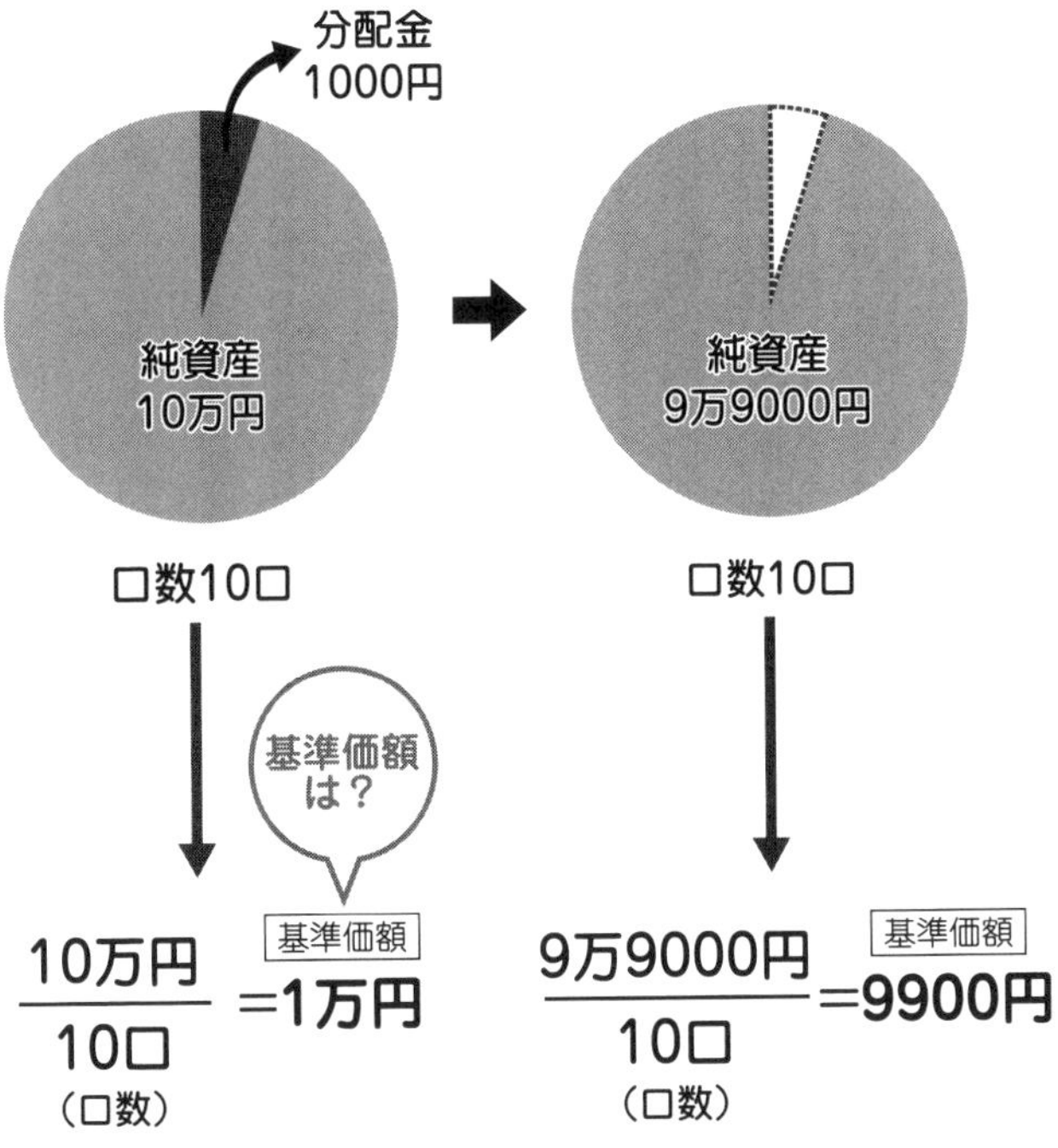

分配金を支払うと基準価額も下がる

第3章 08

長期にわたる資産運用ではコツコツと分配金も積み立てる

分配金の受け取り方は2種類

前項目で解説しましたが、投資信託には「分配金」というものがあります。投資信託は、株や債券などさまざまな資産に投資して運用します。そして、投資信託であれば配当が出る場合もあり、これをインカムゲインとして受け取ることができます。

また、投資した資産は価格が変動するため、ファンドマネージャーが値上がりした時に売るとキャピタルゲインを得ることもあります。

簡単に言えば、これらの利益が分配対象となり、投資家に分配金が支払われる仕組みになっているのです。ただ、この「分配金」の受け取り方にもコツがあります。

分配金には、「受取型」と「再投資型」の2種類の受け取り方があります。

まさに読んで字のごとくですが、**「受取型」は、分配金が出るたびに受け取る方法。**

そして**「再投資型」は、自動継続コースと呼ばれ、分配金を受け取らずにそのまま同じ投資信託に再投資していくもの**です。

受取型では、投資信託を保有したままリターンを得ることができますので、投資効果を実感できるというメリットがあります。つまり、分配金という形で利益を得ながら投資を続けることができるわけです。

ただ、これでは投資による「複利効果」を得ることができません。

長期でやるからこそ複利が力を発揮する

どういうことかを説明していきましょう。運用方法には単利と複利があります。

単利とは、利益が出たらそれは引き出し、最初の投資元本だけを投資に使う手法です。簡単に言えば１００万円を運用して1年後に１０２万円になったら、利益である2万円を引き出して翌年はまた最初の１００万円を運用するということです。

かつて分配金を毎月受け取る「毎月分配型投資信託」というタイプが、まるでお小遣いのように、毎月、分配金を受け取ることができるとあって人気を集めました。

しかし、これでは全ての分配金を投資元本に再投資せず、投資家に渡してしまうため、複利の恩恵をしっかりと受けることはできません。

一方で、複利とは、投資から発生した利益を引き出さずに投資元本に組み入れ、引き続き同じ投資信託で運用し続けるという手法です。つまり、投資信託で複利を得ようとするならば、この「分配金」を受け取らずにそのまま再度投資に回していくことが重要なのです。こうすることで、分配金が出るたびに投資資金が増えていきます。利益が一定だった場合、元本に比例して利益も増加していきます。

つみたて投資は中長期で運用します。**複利も期間が長ければ長いほど効果を発揮していきます**。となると、分配金は再投資型で受け取ったほうが得だというのは言うまでもありません。ですからつみたて投資で投資信託を選ぶ時は「再投資型」を選ぶのが正解というわけです。

分配金と複利の関係

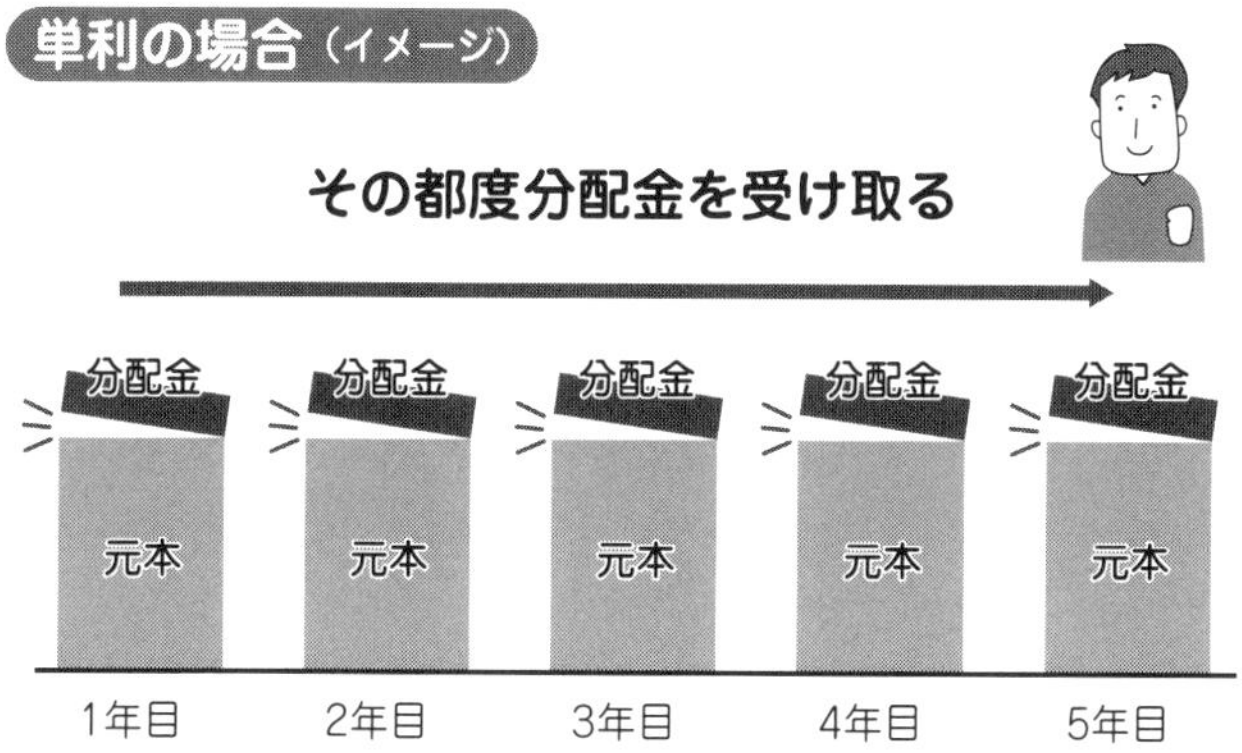
単利の場合（イメージ）
その都度分配金を受け取る
分配金
元本
1年目
2年目
3年目
4年目
5年目

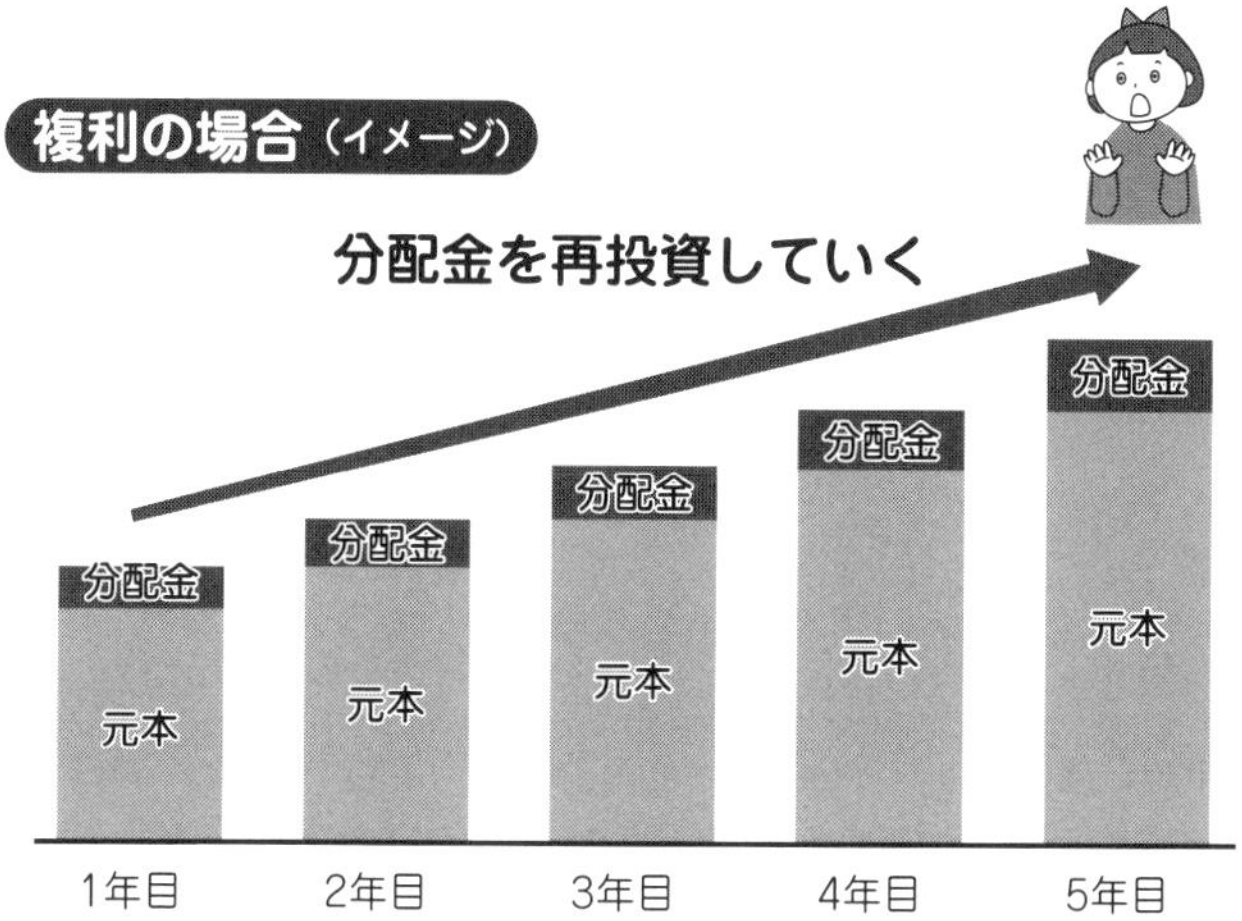
複利の場合（イメージ）
分配金を再投資していく
分配金
元本
1年目
2年目
3年目
4年目
5年目

第3章 09

手数料が投資の足かせに？取引するなら細部までチェック

買付手数料の安いものを選ぶ

分配金の受け取り方と同様、投資信託を買う際に、しっかりチェックしておきたい点に、「手数料」があります。この手数料によって、将来手に入れることができる金額が大きく変わってくるので、きちんと理解し、チェックすることが重要です。

投資信託にかかる手数料は主に3つあります。投資信託を買ってから保有するまでの順に見ていきましょう。

まず、投資信託を購入する際にかかる**「買付手数料」**です。

これは、証券会社や銀行など、販売会社に支払うものです。最近では、この買付手数料の値引き合戦が繰り広げられ、ネット証券を中心に買付手数料がかからない**「ノーロード」**という投資信託が数多く販売されています。

投資信託は、商品ごとに購入できる金融機関が決まっています。また、同じ商品でも、購入する金融機関や販売チャネルによって買付手数料が違います。

一般的に、証券会社や銀行の窓口で購入するよりも、ネット証券で購入したほうが安くなっています。また、証券会社や銀行でも、インターネット取引であればコストの低い商品を購入することができます。

もう少し、具体的に見ていきましょう。１００万円で投資信託を、買付手数料が０％のネット証券と1・1％の銀行で購入するとします。買付手数料がかからないネット証券なら、１００万円全額を投資に充てられます。

しかし、銀行の場合、買付手数料が1万１０００円かかり、差し引き98万９０００円しか投資に充てられません。同じ商品を購入するにしても、最初からこれほどの差が出るのです。

買付手数料は高いもので5％以上する投資信託もありますから、**買付手数料はできればば無料、つまりノーロードの投資信託を選ぶといいでしょう。**

買付手数料は、投資信託の目論見書（162ページ参照）を見れば書いてあります。ただ、これはあくまで上限の金額。したがって販売会社によって、変わってきます。「買付手数料はありません」という商品であれば、どこで購入してもかかりません。

最も重要でインパクト大の信託報酬

次に最も大事で、チェックしておきたい手数料が「運用管理費用」です。一般的には**「信託報酬」**と呼ばれます。

これは、いわゆる運用会社に投資をお任せする手数料のようなもので、運用代行費用としてかかる手数料と考えれば理解しやすいでしょう。

投資信託は、大量の株に投資したり、株や債券といった複数の資産を組み合わせて運用しています。そのため、運用会社が行うさまざまな銘柄調査や売買、報告書の作成などにも手間が発生します。こうした、運用上必要となる人件費などのコストを補填するためにも、投資信託ごとに「信託報酬」が設定されています。

概ね、**純資産総額に対して年０・１％～２・５％程度に設定されています。**ただし、この数字も長期で見ると注意が必要です。たとえば、０・５％と２・５％の投資信託をそれぞれ１００万円購入したとしましょう。１年目はたいした差ではありませんが、10年もたつとそれぞれの信託報酬は５万円と25万円となり、その差は20万円にもなります。これが純資産総額から差し引かれて運用されるわけですから、インパクトは小さくありません。

信託報酬は、投資信託の運用スタイルによっても大きく違ってきます。詳しくは後述しますが、積極的に銘柄を入れ替え、アグレッシブな運用を行う「アクティブ型投資信託」（１３８ページ参照）はそれだけ手間がかかりますから、信託報酬は高い傾向にあります。一方で、日経平均株価などの指数に連動することを目指す「インデックス型投資信託」（１４２ページ参照）は、そこまで手間がかかりませんので低い傾向にあります。

信託報酬は、投資信託を保有している間、毎日徴収されます。投資信託にかかわる販売会社、運用会社、信託銀行の3社にそれぞれ分割・配分して支払われます。具体的な配分割合などは「交付目論見書」に記載があります。

なかには、純資産総額が増えたため信託報酬を下げて投資家に還元したり、長期で保有すると信託報酬を下げたりといった、投資家の視点に立った投資信託もあります。信託報酬は毎期変わりますので、「運用報告書」（166ページ参照）をチェックしてみましょう。

〝迷惑料〟の信託財産留保額

投資信託を解約（売却）する際にもコストがかかる投資信託があります。**「信託財産留保額」**と呼ばれる手数料です。

これは運用会社や販売会社に支払うものではなく、解約した人がその投資信託を保有している投資家のために残していく〝迷惑料〟のようなものと言えます。

投資信託を解約する人がいると、運用資産としての株や債券の一部を売却して現金化する必要があります。そうした費用について、投資信託をそのまま保有している人たちが負担するのは「不公平だ」という考えに基づいています。そのため、迷惑料を支払うわけです。

信託財産留保額がゼロの投資信託では、頻繁に購入したり、解約したりして資金の出入りが激しくなる可能性があり、運用的にもマイナスになります。したがって、**信託財産留保額をしっかりと取る投資信託のほうが安定した運用をしてもらえるという見方もあります。**

こうしたコストは、運用会社や販売会社のホームページなどにある「運用報告書」の「1万口当たりの費用明細」というものを見るとわかります。

「売買委託手数料」や「有価証券取引税」「保管費用」といったものがあります。これらの合計金額をその期の平均基準価額で割ると、ざっくりとしたコストの割合がわかりますので、同じような種類の投資信託と比較してみるのもいいでしょう。

長期だからムリなく、ロスなくが大事ね!!

第4章

初めてでもできる！投資信託の選び方

第4章 01

投資信託にはさまざまな運用形態の商品がある

安定運用か積極運用か?

投資信託には、大きく分けて2つの運用スタイルがあります。「**パッシブ運用**」と「**アクティブ運用**」です。

このうち、パッシブ運用とは消極的(受動的)な運用という意味で、市場全体の動きと連動するように運用する手法のことを指します。運用目標とされるベンチマーク、国内株式型の場合であれば日経平均株価やTOPIX(東証株価指数)などに連動する運用成果を目指すタイプです。なお、こうしたインデックス(指数)と連動するパッシブ運用のファンドはインデックスファンドと呼ばれることもあります。

一方、アクティブ運用とは、積極的な運用という意味で、ベンチマークとする株価指数を上回る運用成果を目指すタイプです。運用担当者であるファンドマネージャーが、投資信託ごとに決められた一定の運用方針に基づき、アクティブに銘柄の入れ替えや売買を繰り返し、高い収益を狙っていきます。

パッシブとアクティブの特徴

両者の主な特徴を比較してみましょう。まず、投資信託の中に入っている銘柄からです。パッシブ運用の場合、たとえばＴＯＰＩＸ（東証株価指数）に連動するインデックスファンドなら、ＴＯＰＩＸの銘柄とほぼ同じ銘柄が入っています。その分、たくさん銘柄が入っているので、一つひとつの銘柄の影響度合いは小さくなります。また**目標とする指数と「同じような動きをすることを目指して運用しますので、「市場平均と同じリターン」を目的とする運用方法**だと言えるでしょう。

一方で、アクティブ運用はと言うと、運用会社の哲学や基準に基づいて設定された投資信託の〝個性〟に基づいた銘柄が入っています。したがって、入っている銘柄数も種類も商品によってばらばらです。

その上で、**運用は目標とする株価指数を「上回る」成果を目指します。**そのため運用担当者はエコノミストによる経済の分析や、アナリストによる企業業績の分析を参考にして、大きな値上がりが期待できそうな銘柄を選んで積極的に投資します。

オープン型はいつでも売買できる

これまで見てきた2つの運用スタイル以外にも、投資信託にはいくつかの種類があります。投資信託には、決められた期間でしか買えない「単位型投資信託」と、時間を問わずいつでも買える「追加型投資信託」とがあり、それぞれ「ユニット型」「オープン型」と呼ばれています。現在販売されている投資信託の約9割はオープン型です。ユニット型は、運用を開始してから終了するまでの信託期間が2〜5年で設定、募集期間が定められており、運用期間中は解約できないタイプ（クローズ型）もあります。オープン型は、信託期間が5〜10年が中心で、なかには無期限のものもあります。信託期間中はいつでも購入や解約ができます。

つみたて投資を始める方は、中長期の運用が基本ですから、信託期間が10年以上の商

品を選ぶといいでしょう。

名前で商品の概要がわかる？

また、投資信託の種類は名前を見ればある程度わかるようになっています。と言うのも、投資信託の名前には法則があるからです。

「運用会社名（ブランド名）」＋「投資対象（国や地域、株か債券かなど）」＋「運用スタイル（インデックスかアクティブか）」ときて、最後に「ファンド」か「オープン（追加型の意味）」という順番です。時折、その後に、分配金の受け取り方法などがくっつくこともあります。具体的な例を挙げるならば、

楽天・全米株式・インデックスファンド
三菱ＵＦＪ日本株アクティブ・ファンド
ニッセイＳＤＧｓグローバルセレクトファンド（年2回決算型・為替ヘッジあり）

などがあります。どのような内容の投資信託なのか、まずは名前でチェックしてみてもいいでしょう。

第4章 02

初心者には値動きがわかりやすいインデックスファンドがお勧め

指数と連動し値動きがわかりやすい

投資信託を初めて買う「投資初心者」の方は、パッシブ運用の「インデックス型」の投資信託（以下、インデックスファンド）がお勧めです。インデックスファンドにはさまざまなメリットがあります。

インデックスファンドは前の項目でもお話しした通り、目標（ベンチマーク）とする「株価指数（インデックス）」の動きに連動するように作られた投資信託です。ひと言で言えば、指数に採用されている銘柄を、指数の構成比と同じ比率で組み入れることで、指数と連動させる投資信託です。

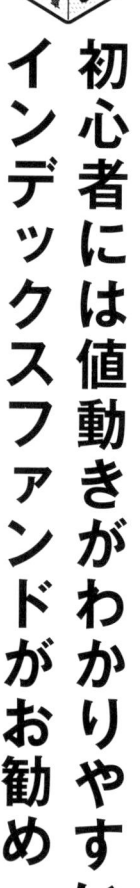

したがって、**「値動きが非常にわかりやすい」**という特徴があります。

たとえば、指数の代表的なものとして「ＴＯＰＩＸ（東証株価指数）」があります。これは、東証１部上場の全銘柄（２０２０年５月１日現在、２１７１社）を対象として、各銘柄の浮動株数に基づく時価総額を合計し、加重平均して計算しているもので、１９６８年１月４日を基準日とし、当時の時価総額を１００として指数を算出しています。

そうしたＴＯＰＩＸに連動しているインデックスファンドは、ＴＯＰＩＸが上がれば同じ程度上がりますし、逆に下がれば同程度下がります。

もう一つ代表的な指数に「日経平均株価」、通称「日経２２５」と呼ばれる指数があります。これは東証１部に上場、日本を代表する２２５銘柄の株価の平均をベースに算出されているものです。

日経平均株価に連動するインデックスファンドは、やはり日経平均の構成銘柄を組み入れて運用するため、こちらも指数とインデックスファンドはほぼ同じ値動きとなります。

リスク分散に加えコストも低い

　このように、インデックスファンドは、株価指数と連動させるため、非常に多くの銘柄で構成されています。

　したがって、一つの銘柄が大きく値を下げても、他の銘柄が値を上げていればポートフォリオ全体のダメージは小さくなるという**「リスク分散」が図られる**メリットがあります。

　前述したTOPIX連動型であれば、2100社以上にまとめて投資をするわけですから、リスク分散の度合いは非常に高くなります。

　そして、もう一つは、**「手数料が安い」**というメリットもあります。

　インデックスファンドの場合、株価指数に採用されている銘柄をそのまま組み入れるため、個別銘柄を調査したり、ニュースやマーケット状況などを分析したりといった手間がかかりませんし、頻繁に売買する必要もありません。

　そのため、運用にかかるコストが低く抑えられているため、アクティブファンドに比べると投資家から運用期間中に徴収する信託報酬が低くなる傾向にあります。

債券や不動産、コモディティでも

インデックスファンドの投資対象は国内株式だけではありません。

アメリカの「ダウ工業株30種平均（NYダウ）」や「S＆P５００」など、海外の株価指数に連動したものもあります。

海外の株価指数で言えば、「MSCIコクサイ・インデックスファンド」「MSCIエマージング・マーケット・インデックス」は押さえておきましょう。

MSCIとは、「モルガン・スタンレー・キャピタル・インターナショナル」が公表している代表的なグローバル指数で、世界の機関投資家が使っています。いずれも、この株価指数に連動するインデックスファンドです。

MSCIコクサイ・インデックスファンドは、日本を除く先進国22ヶ国に上場する大・中型株のうち、約１３００銘柄を採用。時価総額でみて市場の約85％をカバーしているものです。一方のMSCIエマージング・マーケット・インデックスファンドは、新興国26ヶ国の1400銘柄を対象にしています。

つまり、この2つにTOPIXを合わせると、実に世界49ヶ国、4800社余りの株に投資できるというわけです。

また、投資対象となる資産は株だけではありません。国内債券では「NOMURA－BPI総合」や「DPI総合」といった指数に連動するインデックスファンドがありますし、海外債券では「バークレイズ・キャピタル米国総合指数」や「シティグループ世界国債インデックス」に、不動産投資信託では「東証REIT指数」や「S&Pグローバル REIT指数」、「S&P新興国REIT指数」。そしてコモディティ（金や原油などの商品）でも「S&P GSCI商品指数」や「ドイツ銀行グループ商品指数」といった指数に連動する商品があります。

どのような商品を選べばいいかは後の175ページで解説しますので、ここでは「インデックスファンドにはこのようなものがあるのだな」くらいにとどめておいていただければいいでしょう。

上場している投資信託「ＥＴＦ」

なお、投資信託の中には、上場しているものがあります。**「ＥＴＦ」**と呼ばれるものです。ＥＴＦとは、Exchange Traded Fund（エクスチェンジ・トレーデッド・ファンド）の略。エクスチェンジとは、取引所のことで、ファンドは投資信託を指します。つまり**株のように、「取引所で取引される投資信託」**なのです。

２０２０年3月時点、東京証券取引所に上場しているＥＴＦは、実に２２１本もあります。

その内容は、ＴＯＰＩＸや日経平均株価といった日本の株価指数はもちろん、ＮＹダウ平均株価、ＭＳＣＩコクサイ、ＭＳＣＩエマージング、ハンセン中国企業株指数といった国内外の株価指数に連動しています。

さらには、債券や不動産投資信託（ＲＥＩＴ）、金やコモディティなどの指標に連動するようなものまでさまざまあります。

株の特徴を持った投資信託

ＥＴＦの多くがインデックスファンド型で株価指数に連動するタイプのため、わかりやすく、分散投資ができ、少額からでも投資できるといった特徴は投資信託と同じです。

しかし、通常の投資信託とは異なる特徴も持っています。

まず販売会社は、通常の投資信託が特定の取扱証券会社や銀行であるのに対し、ＥＴＦは国内のものであれば、全銘柄ともに全国の証券会社であればどこでも購入が可能です。

また、リアルタイムで売買することが可能です。通常の投資信託は１日１回算出される基準価額を基にするため、１日１回しか取引できません。

しかも基準価額は取引終了後に算出されるため、実際の約定価格が判明しない段階で売買することになります。

しかしＥＴＦであれば、取引所の立会時間内でならいつでも売買することができ、リアルタイムで変動する市場価格が基準になります。そのため相場の動向や取引価格を見ながらいつでも売買することが可能になるわけです。

信託報酬が安いというメリットもあります。インデックス運用型の投資信託がおおよそ０・１００～１・９００％であるのに対し、ＥＴＦはおおよそ０・０６０～０・９５０％と低くなっています。そして株のようにレバレッジをかける「信用取引」も可能です。

こうした特徴を持つＥＴＦなので、**売買の方法も株とほとんど同じ**です。取引したい時点の価格を見て、証券口座を通じて売買注文を出します。注文の方法も株と一緒。いくらでもいいから売買するという「成行《なりゆき》注文」、そして指定した値段で売買する「指値《さしね》注文」の２つがあります。

少し変わった投資信託のＥＴＦ。８割近くの銘柄が２万円以下ですので、投資資産の一部で取引してみるのもいいでしょう。

第4章 03

低コストのファミリーファンド方式と分散投資のファンズ・オブ・ファンズ

少ないお金で大きな投資ができるファミリーファンド

これまで、投資信託の種類や運用スタイルを見てきました。ここでは株や債券に直接投資して運用するのではなく、別の投資信託に投資するタイプの投資信託について見ていきましょう。

このタイプの投資信託には大きく分けて2種類あります。

一つが**「ファミリーファンド方式」**、そしてもう一つが**「ファンド・オブ・ファンズ」**と呼ばれるものです。

まず、ファミリーファンド方式とは、複数の小さな投資信託（ベビーファンド）から集

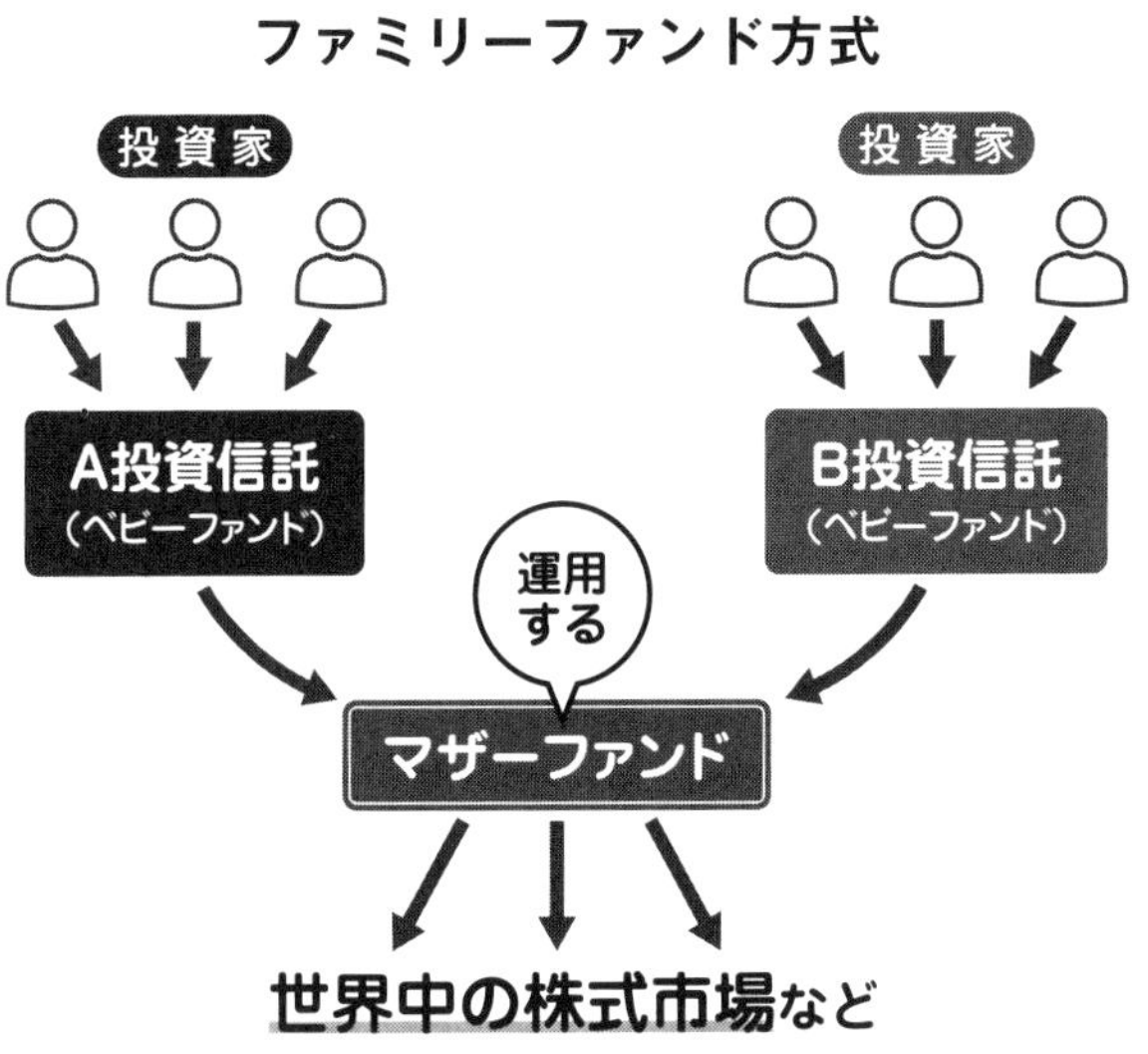

まったお金を、一つの大きな投資信託（マザーファンド）にまとめて運用するもの。投資家は、「A投資信託」「B投資信託」といったそれぞれ違う投資信託を購入しますが、そうした**ベビーファンドの資金を集めて、マザーファンドという大きな投資信託が運用する**ということです。子どもの資金をお母さんが集めて運用するイメージです。

それぞれのベビーファンドで運用するよりも、マザーファンドでまとめて運用したほうが資産規模が大きくなるため、さまざまな金融商品を組み入れることができるなど、効率的な運用ができます。

つまり、少ないお金で大きな投資が可能

になるというわけです。

したがって、実質的に運用するのはマザーファンドになります。


マザーファンドもベビーファンドも同じ運用会社やそのグループ内での取引になりますので、マザーファンドの運用成績がそのままベビーファンドにも反映されます。

一般的に私たちが買う投資信託はベビーファンドで、マザーファンドはそれを効率よく運用してくれていると考えてもらえるといいでしょう。

またベビーファンドもマザーファンドも同じ運用会社内での投資なので手数料もかかりません。つまり低コストなわけです。

もし、あなたが選んだ投資信託がファミリーファンド方式ならば、目論見書（162ページ参照）を確認すれば、マザーファンドが何に投資しているかも確認することができます。

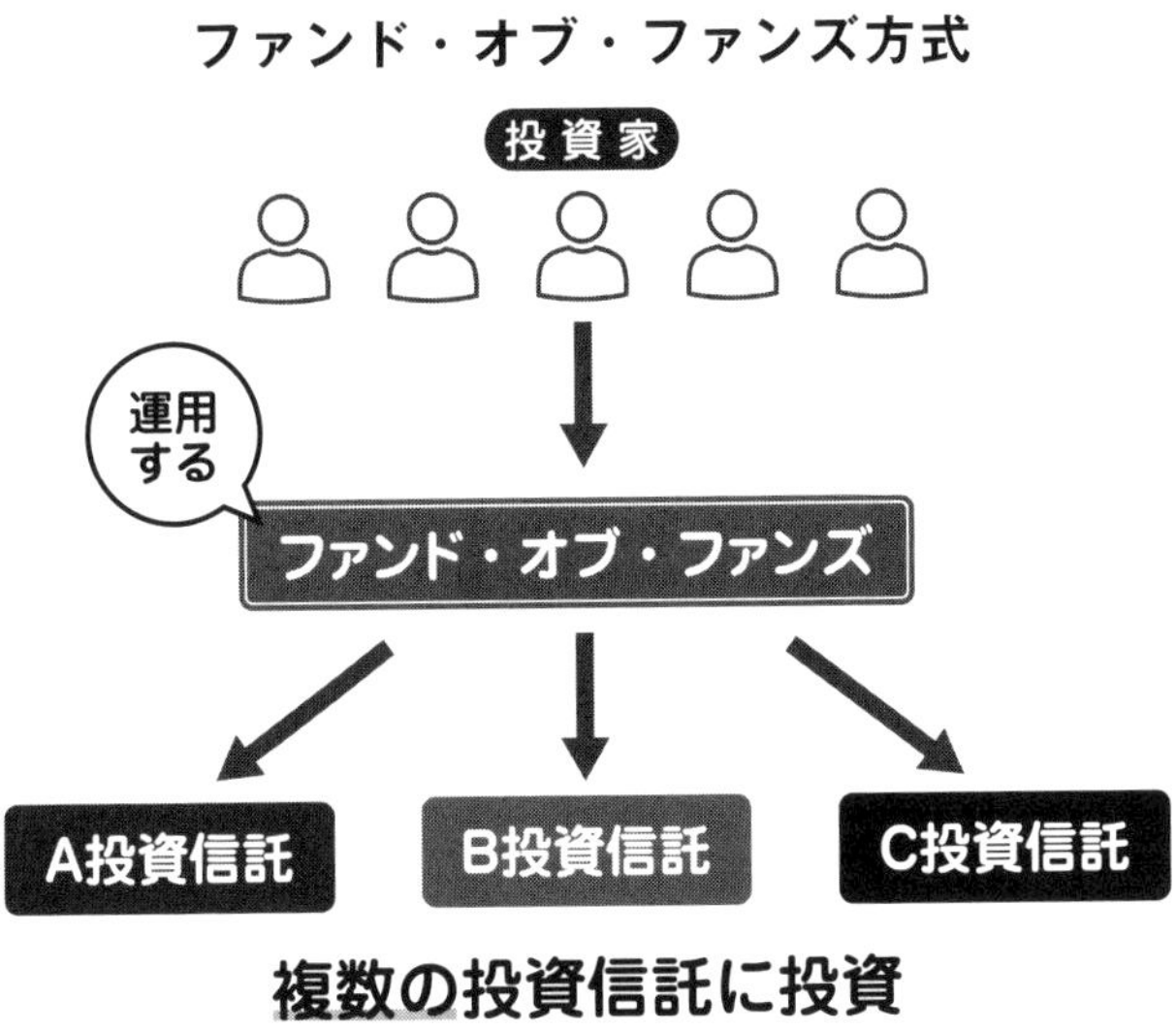

少額でも分散効果が狙える ファンド・オブ・ファンズ

そして、もう一つの「ファンド・オブ・ファンズ」とは、複数の投資信託に投資する投資信託のことを指します。わかりやすく言えば、投資家が購入したファンド・オブ・ファンズ型の投資信託が、「A投資信託」、「B投資信託」、「C投資信託」などの別の投資信託に投資するのです。

前述したファミリーファンド方式が、「合同で運用することによって運用の効率化を図る」のに対し、このファンド・オブ・ファンズは**「複数の投資信託に投資することで、分散を図る」**という違いがあります。

たとえば、日本とアメリカの投資信託に投資して国際分散投資を行うこともできますし、株と債券、不動産の投資信託に投資して資産分散を図ることもできます。また、「B投資信託」の運用成績がいまいちでも、「C投資信託」が好調であれば、相殺できるといった効果も期待できます。

ファミリーファンド方式のように同じグループ会社の投資信託に投資する必要もありませんし、ヘッジファンドのようなファンドに対しても投資することができます。ですから、複数のファンドを選ぶ手間もかからないわけです。

しかし、コストはかかります。購入した投資信託だけでなく、別に投資している投資信託それぞれに対しても信託報酬や運用管理費用などがかかるためです。要は〝二重払い〟になるのです。とはいえ、そうしたコストを上回るほどの運用実績が出ていれば、なんら問題はないと言えます。

第4章 04

為替ヘッジって何？「あり」「なし」ではどう違うの？

国際型は為替リスクにご用心

投資信託の中には、前述のように、外国の株や債券などで運用する「国際（海外）型」というものがあります。こうした投資信託は、たいてい名前に「グローバル」や国名がついており、欧米はもちろん中国やインドなどのアジア、そして新興国など、さまざまな国や地域の金融商品を対象に運用しています。

しかし、こうした国際型の投資信託を購入する際には一つ気を付けておくべき点があります。それは**「為替リスク」**です。

日本円に対して投資対象の国の通貨が安くなる、つまり円高になると、日本円に換算した場合の運用成績は悪くなります。

国際型の投資信託と為替

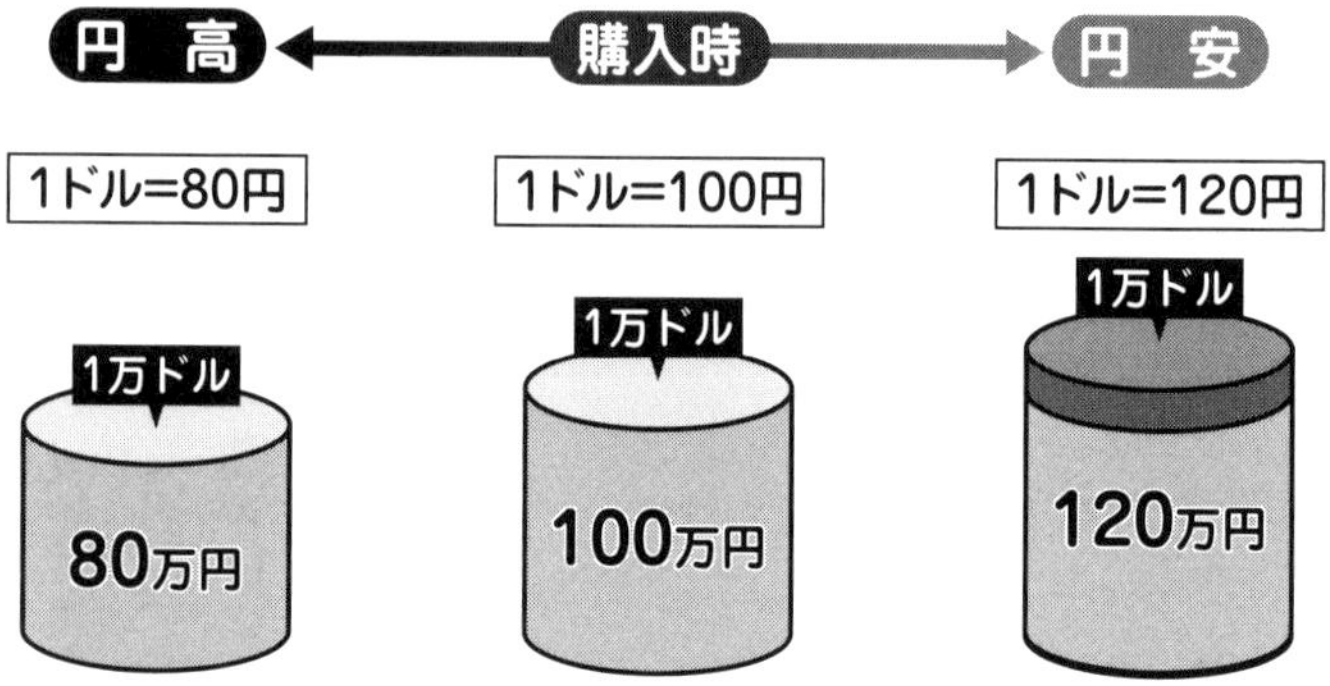

国際型は為替変動の影響を受ける

たとえば、わかりやすいように、1ドル＝100円の時に100万円（1万ドル）投資したとします。

その後の経済情勢の変化によって、1ドル＝120円まで円安が進むと、仮に投資した資産の価格に変動がなかったとしても、投資した資金は120万円となり20万円の利益となります。

一方で、1ドル＝80円まで円高が進んでしまうと同80万円となり、同じように投資した資産の価格に変動がなくても、為替の変動だけで20万円損したことになります。商品の運用状況ではなく為替の影響だけで、これだけの大きな差が出てきてしまうのです。

海外株が投資対象となっている投資信託では、為替の変動が基準価額にも影響してきますので軽視できません。

長期で投資なら無駄なコストは避けたい!?

国際型投資信託の中には、**「為替ヘッジあり」**というものと**「為替ヘッジなし」**というものとがあります。為替ヘッジとは、為替変動による損失を回避しようというものです。つまり、その機能が「ある」投資信託と、「ない」投資信託があるというわけです。

「為替ヘッジなし」の場合は、投資した株や債券の価格が現地通貨ベースで変わらなくても、前述のように為替変動による損益が生じ、為替が円安に振れた場合は為替差益が生じます。逆に円高になると為替差損が生じます。為替ヘッジがあるものは、為替リスクをヘッジしますので、為替変動による損益への影響は生じません。

たとえば、２０２０年のコロナショックの時のように、経済が大きくマイナスの影響を受けるような時を考えると、「為替でも損をしたくない」と「為替ヘッジあり」が当然いいなどと考えてしまうことでしょう。

しかし、**為替ヘッジするにはそれなりのコストもかかります。**

どれぐらいのコストがかかるかというと、一般的にヘッジコストは相手国との短期金利差が反映されるので一概には言えません。

大事なのはそのコストはどこから引かれるかということです。

この**ヘッジコストは投資資産から引かれます。つまり、それは投資効率を下げることになるのです。**この本の趣旨のように長期のつみたてにより資産を築くことを考えるなら投資効率を下げるような無駄なコストは避けたいものです。

現在のような世界的な低金利であれば、そこまでヘッジコストを気にしなくてもいいですが、金利差が拡大している局面ではしっかりと意識をしましょう。

第4章 05

運用実績の「トータルリターン」と「騰落率」は長期で見る

具体的にどの投資信託を選ぶか悩んだ時に、見ておくべきはやはり「実績」。一定の期間に、どれくらいの利益を出しているのかは確認が必要です。

利益率「トータルリターン」で比較

実績を見るには2つの見方があります。

「トータルリターン」と**「騰落率」**です。

このうちトータルリターンは、一定期間の利益率を表したもの。「基準価額の増減」に「分配金」を足したものを「購入時の基準価額」で割って算出します。

たとえば、購入時に基準価額1万円だった投資信託が、1年後に1万1000円に

トータルリターンの考え方

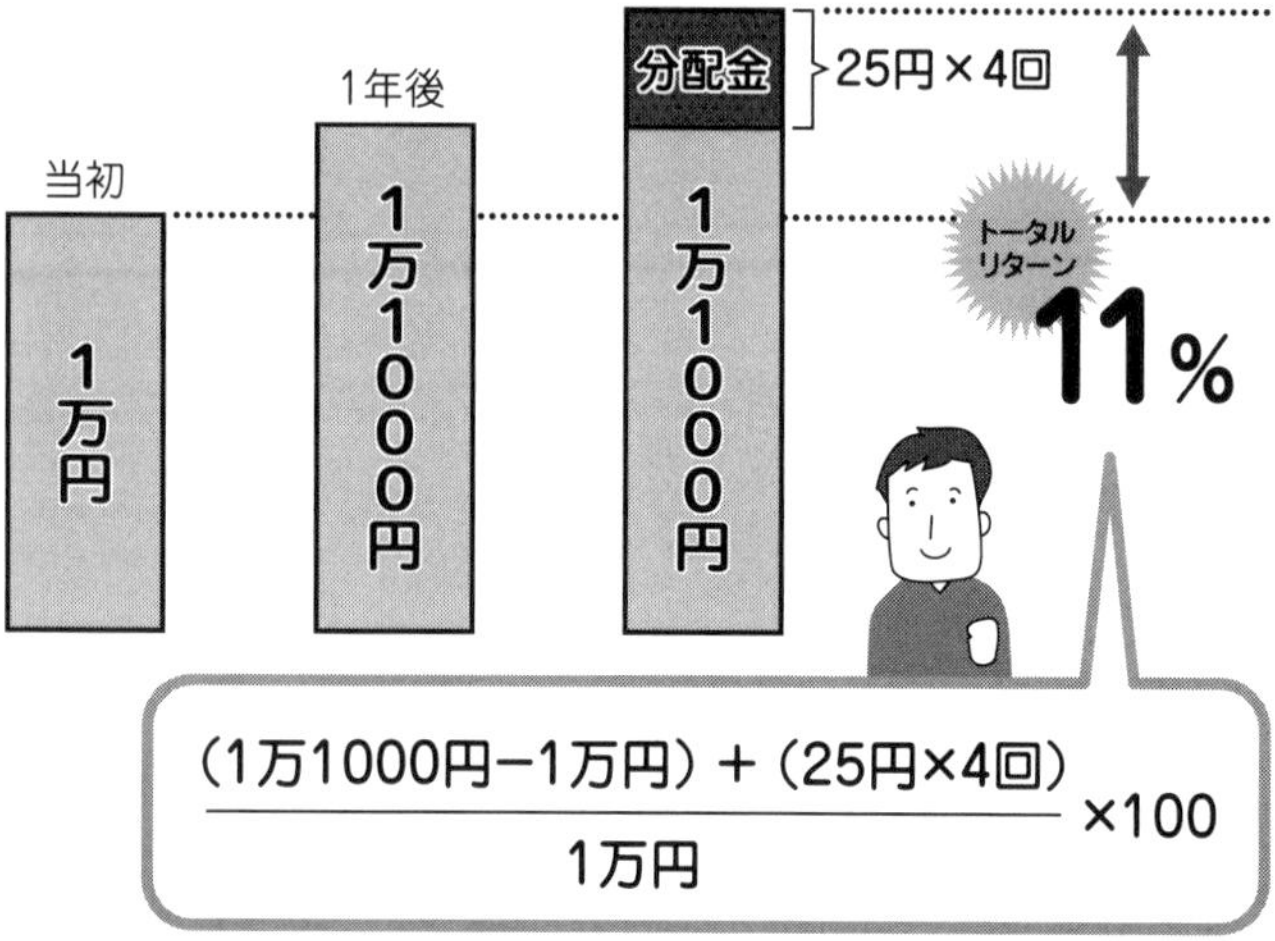

なったとしましょう。この間、分配金25円を4回受け取ったとします。この場合、｛(1万1000円－1万円)＋(25円×4回)｝÷1万円×100＝11%となるわけです。

投資信託の運用実績に記されているトータルリターンは、通常、対象期間内の値上がり額に分配金を全て再投資したと仮定して計算しているものが多いようです。

ただ、分配金を再投資していなかったり、手数料の処理が違ったりするものもありますので、別の投資信託を比較する場合は、算出方法をしっかりと確認してみてください。

基準価額の変動率「騰落率」で比較

一方の「騰落率」は、一定期間内に基準価額がどれくらい変動したかの割合です。こちらは、単純に一定期間内の基準価額の変動率を表したものです。

こちらの計算は、「基準価額の増減」を「購入時の基準価額」で割って算出します。たとえば、前述の投資信託の場合、（１万１０００円－１万円）÷１万円×１００＝10％となるわけです。購入する投資信託を選ぶ際、このようにして求められる投資信託の「実績」で比較してみると、その投資信託の運用がうまくいっているのかがわかります。

ただし、**いずれの実績も、できれば3年や5年、10年といった長い期間で見るべき**です。数ヶ月単位の短期間では、投資信託の個別要因や外部要因による影響が大きく、本当の実力が見えづらいからです。長期投資をしていくわけですから、長期的に安定した成績を上げているかが重要だといえます。

トータルリターンは証券会社によってはランキング形式で閲覧できるところもありますし、騰落率は運用報告書で確認することができます。

第4章 06

目論見書は投資信託のトリセツ

目論見書のチェックの仕方

購入してみたいと思う投資信託のタイプが決まり、いくつかピックアップできたら、すぐに購入するのではなく、その投資信託がどのような商品なのか、必ず確認しましょう。その時に最も重要な書類で、必ず目を通しておきたいのが**「目論見書」**です。

目論見書とは、投資信託の取扱説明書、いわゆる「トリセツ」。投資判断をする際に重要なことが書かれてあります。

この目論見書には2種類あります。「交付目論見書」と「請求目論見書」です。

このうち交付目論見書は、投資判断に必要な参考情報に絞って書かれています。一方の請求目論見書は、投資家からの請求があった場合に発行され、情報量も多く、専門的な事柄が書かれているので投資初心者には難しいものです。そこで、ここでは交付目論見書の見方に焦点を絞って説明します。

まず押さえておきたいのは、「投資信託の目的・特色」です。何を目的にして、どこの国・地域のどんな資産に投資している投資信託なのかを把握しましょう。そこで「商品分類」「属性区分」の表を見ます。商品分類には、「単位型か追加型か」「どこ（投資対象地域）の何に（投資資産・収益の源泉）」投資するのかが書かれています。

たとえばある投資信託は「追加型投信」で「内外」の「複合」の資産に投資すると書かれています。

しかし、これだと大枠はわかりますが、大雑把すぎていまいち詳しくわかりません。そのため、さらに詳しく書かれている属性区分を見ます。「具体的な投資資産（株か債券か）」「決算頻度」「投資対象地域」「投資形態」「為替ヘッジの有無」が書かれています。

165ページの投資信託であれば、「株式」で運用し、決算は「年1回」、投資対象地域は「海外」で、投資形態は「ファミリーファンド方式」、為替ヘッジは「なし」といった具合です。

インデックスファンドの場合には、連動する「対象インデックス」についても書かれています。そしてページを繰っていくと、その詳細が書かれています。国際分散投資を図りながら低コストで運用するとか、ファミリーファンドとしてどういった投資信託に投資しているのかとか、分配金の方針はどうだとかが具体的に記されています。

次に着目すべき点は「運用実績」です。基準価額や純資産総額、分配金、そして年間収益率の推移などが書かれています。なかには、騰落率や、他の代表的な投資信託との実績比較などを載せているものもあります。こうした情報は、投資信託を比較するのに役に立ちます。

そして、手続きや手数料などの情報にも目を通しましょう。購入時の手数料や信託報酬といったコストを始め、投資信託の最低購入単位（口数）なども書いてあります。前述したように、投資信託を選ぶ際には実績だけでなくコストも重要です。しっかりと見ておきましょう。

交付目論見書の例（楽天投信投資顧問の場合）

Rakuten
楽天投信投資顧問

Vanguard

投資信託説明書（交付目論見書）
使用開始日：2020年4月17日

楽天・全米株式インデックス・ファンド
愛称：楽天・バンガード・ファンド（全米株式）

追加型投信／海外／株式／インデックス型

商品分類および属性区分

商品分類				属性区分					
単位型・追加型	投資対象地域	投資対象資産（収益の源泉）	補足分類	投資対象資産	決算頻度	投資対象地域	投資形態	為替ヘッジ	対象インデックス
追加型	海外	株式	インデックス型	その他資産（投資信託証券（株式））	年1回	北米	ファミリーファンド	なし	その他（CRSP USトータル・マーケット・インデックス）

※属性区分に記載している「為替ヘッジ」は、対円での為替リスクに対するヘッジの有無を記載しております。
※商品分類および属性区分の定義につきましては、一般社団法人投資信託協会のホームページ（https://www.toushin.or.jp/）をご参照ください。

ご購入に際しては、本書の内容を十分にお読みください。

- 本書は、金融商品取引法（昭和23年法律第25号）第13条の規定に基づく目論見書です。
- この投資信託説明書（交付目論見書）により行う「楽天・全米株式インデックス・ファンド」の募集については、委託会社は、金融商品取引法第5条の規定により有価証券届出書を2020年4月16日に関東財務局長に提出し、2020年4月17日にその効力が生じております。
- 当ファンドは、商品内容に関して重大な変更を行う場合には、投資信託及び投資法人に関する法律（昭和26年法律第198号）に基づき事前に受益者の意向を確認する手続を行います。
- 投資信託の財産は受託会社において信託法に基づき分別管理されています。
- 投資信託説明書（請求目論見書）については、販売会社にご請求いただければ、当該販売会社を通じて交付いたします。また、本書には投資信託約款の主な内容が含まれておりますが、投資信託約款の全文は、投資信託説明書（請求目論見書）に掲載されております。
- 販売会社に投資信託説明書（請求目論見書）をご請求された場合は、その旨をご自身で記録しておくようお願いいたします。
- 当ファンドに関する投資信託説明書（請求目論見書）を含む情報は、委託会社のホームページで閲覧、ダウンロードすることができます。
- ファンドの販売会社、ファンドの基準価額等については、下記の照会先までお問い合わせください。

委託会社の照会先

Rakuten 楽天投信投資顧問
http://www.rakuten-toushin.co.jp/
電話：03-6432-7746　受付時間：営業日の午前9時から午後5時まで

【委託会社】ファンドの運用の指図を行う者
楽天投信投資顧問株式会社
金融商品取引業者　関東財務局長（金商）第1724号
設立年月日：2006年12月28日
資本金：150百万円（2020年1月末現在）
運用する投資信託財産の合計純資産総額：
253,284百万円（2020年1月末現在）

【受託会社】ファンドの財産の保管および管理を行う者
三井住友信託銀行株式会社

1枚目

出所：楽天証券ウェブサイトより

その他、基準価額の変動要因となる「投資リスク」などについても載っています。

定期的に報告書が送られてくる

投資信託を購入すると、月に1回、**「月次報告書（マンスリーレポート）」**と、年に1回、**「交付運用報告書（運用レポート）」**が送られてきます。

マンスリーレポートは、1ヶ月間の運用状況や、純資産総額などが載っており、月間の運用状況を知ることができます。

何にどれぐらい投資しているかも、上位の10銘柄は記載されています。運用レポートも1年間の運用状況が載っており、企業でいう決算書のようなものです。ただ、運用レポートは量が多いので、重要な点だけ見ておけばいいと思います。

とにかく簡単に理解したい時の裏技

とはいえ、目論見書は字数も多く、専門用語も多いため、読み込むのは疲れてしまうでしょう。

そういう時には裏技があります。

それは**「販売用資料」を読むこと**。もし証券口座をネット証券で開設した場合は、それぞれの投資信託のページに販売用資料が掲載されていることがあります。

仮になかった場合は、その投資信託を運用している運用会社のホームページに行ってみましょう。

販売用資料とは、証券会社の営業員や銀行窓口の行員が顧客にわかりやすく説明できるように、運用会社が販促用に作成した資料のため、非常にわかりやすく作られていま す。私もかつては外資系の運用会社で販売用資料を作っていたことがありますが、**目論見書よりもわかりやすさは格段上**です。

また、運用会社によっては、投資信託の特徴を紹介・解説する動画やマンガを作っている場合もあります。

運用会社のホームページは意外と優良なコンテンツが多いので、気になる投資信託があれば、それを運用している運用会社のホームページに行ってみましょう。

第4章 07

具体的な商品を選ぶ際の5つのポイント

制度の対象になっているものを選ぶ

ここまで投資信託によるつみたて投資の基礎となる重要なことについてお話をしてきましたが、「もう少し実践的な話も聞きたい」という方も多いでしょう。

ネット証券であれば2600本以上の投資信託が買えます。とても便利な時代になった一方で、選択肢が増えすぎて何を買えばいいのかわからないという悩みを持つ方もいるでしょう。そこでまずは、どういう視点で商品を選べばいいのかということから説明します。

初めに、選択肢を一気に10分の1に絞り込む方法を教えましょう。本書はつみたて投資がテーマですから、つみたてＮＩＳＡの対象になっている投資信託を選べばいいのです。すでに説明した通り、つみたてＮＩＳＡであれば、投資から得た利益は全て非課税となります。

ＮＩＳＡやｉＤｅＣｏを活用しない一般的な投資で利益が出ても20・３１５％が税金として差し引かれてしまい、約８割しか手元に入ってきません。せっかく国が用意してくれたお得な制度ですから、ぜひ活用しましょう。

つみたてＮＩＳＡの対象になっている投資信託は、２０２０年４月１日時点でインデックスファンドが１５６本、アクティブファンドが18本の合計１７４本です。

つみたてＮＩＳＡの対象になっているものから選ぶという方針だけで、ネット証券で買える２６００本以上の投資信託のうち、１７４本まで絞り込むことができます。

手数料が低いものを選ぶ

次に手数料が低いものを選ぶようにしましょう。投資信託には主に３つの手数料があることはすでに説明しましたね。①購入時に発生する「買付手数料」、②保有している

信託報酬が1%違ったら？

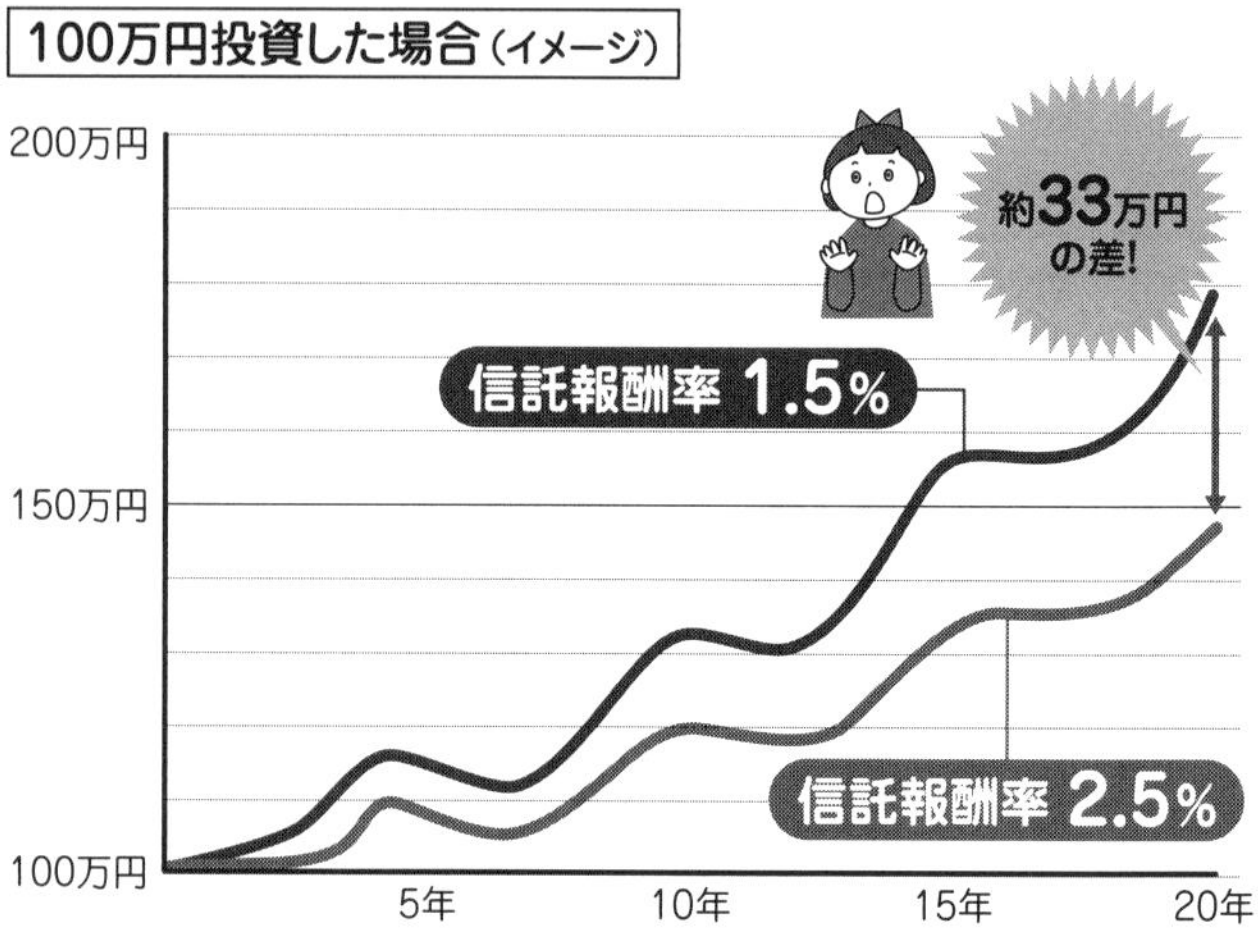

出所：金融庁『つみたてNISA早わかりガイドブック』

間に発生する「信託報酬」、③「売却時に発生する「信託財産留保額」です。

まず、①の買付手数料ですが、最近は一切かからない投資信託が増えており、そのような投資信託はノーロードと呼ばれます。すでに数多くの**ノーロードの投資信託が世に出ていますので、その中から選ぶようにしましょう。**

次に②の信託報酬です。

これは数値自体がそれほど大きくなく、保有期間中にジワジワと差し引かれる手数料ですが、**長期保有が前提となるつみたて投資では無視できない手数料です。**上のグラフは信託報酬が1％違った場合の資産総額の推移をシミュレーションしたものです。

たかだか１％しか違いはありませんが、長期で保有するほどその差が大きくなることがわかるでしょう。

そして、③の信託財産留保額ですが、こちらも**一切かからない投資信託が数多くあるので、その中から選ぶようにしましょう。**

ちなみに、先ほどつみたてＮＩＳＡの対象商品の中から選びましょうと書きましたが、つみたてＮＩＳＡの対象商品となるインデックスファンドにはさまざまな要件が設定されています。

そのうち、手数料については、①ノーロードであること、②投資対象が国内資産であれば信託報酬は０・５％以下（税抜き）、海外資産であれば０・７５％以下（税抜き）と決められています。

信託財産留保額については要件がありませんが、つみたてＮＩＳＡの対象商品となっているインデックスファンドのうち８割ほどの投資信託には信託財産留保額は設定されていません。

純資産総額で選ぶ

あまり聞きなれないかもしれませんが、**選ぶなら純資産総額が大きい投資信託を選んだほうがいい**でしょう。

おさらいを兼ねて簡単に言うと、純資産総額とはその投資信託に集まっている投資家のお金の総額と言えます。ある程度の純資産がないと安定して分散投資ができなくなる可能性があります。

また、純資産総額が多くなればなるほど、その投資信託から得られる手数料の額が大きくなるわけですから、将来的には手数料率を下げてくれるかもしれませんし、投資信託を運用する運用会社が最低限の情報公開以外にも、イベントをやってくれたり、資料も見やすくなるなどのメリットも生じる場合があります。

純資産総額は具体的にいくら以上じゃないといけません、ということはありませんが、**一つの目安として100億円以上**という基準で探してみるといいでしょう。

また、直近6ヶ月ぐらいの純資産総額の推移にも注目しましょう。仮に純資産総額が大きかったとしても、毎月資金が流出していっているような投資信託は避けるべきです。投資対象の値段が下がっていくのと連動して純資産総額が減っていっているのであれば、いいですが、そうではないのなら、何か理由があって資金が流出していっているということになります。

これまでの運用実績で選ぶ

インデックスファンドを選ぶ場合、似たような投資信託が多くて選ぶのに悩むという方もいるでしょう。

たとえば、日経平均株価に連動するインデックスファンドというのは、多くの運用会社が提供しています。どれも日経平均株価に連動するように運用しているわけですから、基本的にはパフォーマンスは同じになるはずです。

しかし、公開されているデータを見てみると、ファンドごとにインデックスの動きから少しだけ乖離しています。

これを**トラッキング・エラー**と言いますが、**この数字が大きくなればなるほど、連動**

させようとしているインデックスの動きに沿った運用ができていないということになります。

運用スタイルで選ぶ

最後は運用スタイルで選びましょう。

これまでにも説明した通り、投資信託には大きく分けてインデックス型とアクティブ型の2種類があります。基本的にはインデックス型を選ぶようにしましょう。

前述のように日経平均株価は過去20年間の年間騰落率を平均すると5％にも満たないのに対して、アクティブファンドであれば運用がうまくいけば10％や20％のリターンは期待できます。

ただ、その逆も起こります。また、手数料もインデックスファンドより高くなる傾向にあります。**コツコツと積み立てて老後資産を形成するのであれば、インデックスファンドだけで十分**でしょう。

第4章 08

初心者が選ぶならこの8本

基準に照らして選んでみると

つみたて投資について、いろいろと学んできましたが、具体的にどの投資信託がいいか知りたいという方もいるかもしれません。

これを買っておけば間違いない、とお勧めすることはできませんが、先程紹介した基準に基づいて選んだ8本の投資信託を紹介しましょう。

つみたてＮＩＳＡの対象商品になっているものを選べば、自動的に買付手数料がかからないノーロードの投資信託を選ぶことになります。また、この8本は全て信託財産留保額もかかりません。つまり、買う時も、売る時も手数料がかからないのです。

次に、保有期間中にかかる信託報酬ですが、これから紹介する8本は全て0・3％未満です。純資産も全てが２００億円以上の投資信託です。

最後に、８本中６本はインデックスファンドですが、残りの2本はバランス型の投資信託になります。

①ニッセイ外国株式インデックスファンド

この投資信託は先述のＭＳＣＩコクサイ・インデックスという株価指数に連動するように運用されます。ＭＳＣＩコクサイ・インデックスは日本を除く先進国22ヶ国に上場する大・中型株のうち、約１３００銘柄を採用。時価総額でみて市場の85％に投資をするような株価指数になります。

国別に見ると米国に70％ほど投資しており、そのあとは英国、フランス、スイス、カナダ、ドイツなどが3～5％ずつとなっています。

株価指数の組み入れ比率上位を見てみると、マイクロソフト、アップル、アマゾン、フェイスブック、アルファベット（グーグル）などが並んでいます。

②楽天・全米株式インデックス・ファンド

この投資信託はＣＲＳＰ ＵＳトータル・マーケット・インデックスという株価指数に連動するように運用されます。ＣＲＳＰ ＵＳトータル・マーケット・インデックスは投資可能な米国の上場株式全てに投資することを目的とした株価指数です。

投資している銘柄の上位は先程のＭＳＣＩコクサイ・インデックスとは変わりませんが、その他にはバークシャー・ハサウェイ、ジョンソン＆ジョンソン、ＪＰモルガン・チェース、ビザカードなど有名な米国企業が並びます。

③eMAXIS Slim米国株式（S&P500）

この投資信託は米国を代表する株価指数であるＳ＆Ｐ５００に連動するように運用されます。Ｓ＆Ｐ５００はニューヨーク証券取引所やＮＡＳＤＡＱに上場している銘柄から代表的な５００銘柄を選出して構成される株価指数です。

④ニッセイ日経225インデックスファンド

この投資信託は日経平均株価に連動するように運用されます。

⑤ニッセイTOPIXインデックスファンド

この投資信託はＴＯＰＩＸ（東証株価指数）に連動するように運用されます。日経平均株価が２２５銘柄に投資をするのに対して、ＴＯＰＩＸは東京証券取引所第一部上場全銘柄で構成されますので、投資対象は約２１００銘柄になります。

⑥eMAXIS Slim新興国株式インデックス

この投資信託は先述のＭＳＣＩエマージング・マーケット・インデックスに連動するように運用されます。ＭＳＣＩエマージング・マーケット・インデックスは、新興国26ヶ国に上場する大・中型株のうち、約１４００銘柄を採用。時価総額でみて市場の85％に投資をするような株価指数になります。

国別に見ると中国に30％ほど投資しており、そのあとは韓国、台湾、インド、ブラジルが10％前後となっています。株価指数の組み入れ比率上位を見てみると、アリババ、テンセント、台湾の半導体企業ＴＳＭＣ、サムスンなどが並んでいます。

⑦三井住友・DC年金バランス50（標準型）

この投資信託は株と債券が50％ずつになるようにポートフォリオが組まれています。株は国内株式35％、外国株式15％で50％。債券は国内債券35％、外国債券10％、短期金融資産５％で50％となるように運用します。

それぞれの資産にはベンチマークとなる指数が決まっているため、バランスファンドとは言われているものの、資産ごとにインデックスファンドがあり、それらを組み合わせてパッケージにした投資信託と考えればいいでしょう。

⑧eMAXIS Slimバランス（8資産均等型）

この投資信託は株（国内、先進国、新興国）と債券（国内、先進国、新興国）と不動産（国内REIT、先進国REIT）という８つの資産がそれぞれ12・5％の構成比になるようにポートフォリオが組まれています。

こちらもそれぞれの資産にはベンチマークとなる指数が決まっているため、バランスファンドとは言われているものの、資産ごとにインデックスファンドがあり、それらを組み合わせてパッケージにした投資信託と考えればいいでしょう。

	信託報酬	信託財産留保額	ベンチマーク
	年率0.1023% （税抜0.093%）	なし	MSCIコクサイ・インデックス （配当込み、円換算ベース）
	年0.162% （税込）程度	なし	CRSP USトータル・マーケット・インデックス
	年率0.0968% （税抜年率0.0880%）以内	なし	S&P500指数（配当込み、円換算ベース）
	年率0.275% （税抜0.25%）	なし	日経平均株価
	年率0.154% （税抜0.14%）	なし	TOPIX（東証株価指数）（配当込み）
	年率0.2079% （税抜年率0.189%）以内	なし	MSCIエマージング・マーケット・インデックス （配当込み、円換算ベース）
	年0.253% （税抜0.23%）	なし	国内株式：TOPIX（東証株価指数、配当込み） 国内債券：NOMURA-BPI（総合） 外国株式：MSCIコクサイインデックス（配当込み、円ベース） 外国債券：FTSE世界国債インデックス（除く日本、円ベース） 短期金融資産：有担保コール翌日物
	年率0.154% （税抜年率0.140%）以内	なし	国内株式：TOPIX（東証株価指数、配当込み） 国内債券：NOMURA-BPI（総合） 先進国株式：MSCIコクサイインデックス（配当込み、円ベース） 先進国債券：FTSE世界国債インデックス（除く日本、円ベース） 新興国株式：MSCIエマージング・マーケット・インデックス（配当込み、円換算ベース） 新興国債券：JPモルガンGBI - EM グローバル・ダイバーシファイド（円換算ベース） 国内不動産：東証REIT指数（配当込み） 先進国不動産：S&P先進国REITインデックス（除く日本、配当込み、円換算ベース）

	ファンド名	運用会社	純資産（百万円）	買付手数料	
1	購入・換金手数料なし ニッセイ外国株式インデックスファンド	ニッセイアセットマネジメント	153,817	なし	
2	楽天・全米株式インデックス・ファンド〈愛称：楽天・バンガード・ファンド（全米株式）〉	楽天投信投資顧問	91,267	なし	
3	eMAXIS Slim 米国株式（S&P500）	三菱UFJ国際投信	88,179	なし	
4	ニッセイ日経225インデックスファンド	ニッセイアセットマネジメント	135,196	なし	
5	購入・換金手数料なし ニッセイTOPIXインデックスファンド	ニッセイアセットマネジメント	25,556	なし	
6	eMAXIS Slim 新興国株式インデックス	三菱UFJ国際投信	24,759	なし	
7	三井住友・DC年金バランス50（標準型）（愛称：マイパッケージ）	三井住友DSアセットマネジメント	31,009	なし	
8	eMAXIS Slim バランス（8資産均等型）	三菱UFJ国際投信	46,926	なし	

出所：各社資料を基に株式会社マネネが作成。

第4章 09

ポートフォリオを組む際の考え方とは？

初心者はシンプルに1本だけでもOK？

お勧めの投資信託を8本紹介しましたが、それでも「どれを選べばいいのかまだ決めきれない」、もしくは「8本を全部買えばいいのか」などと、まだ悩んでしまっている方もいるかもしれません。

どれが正解ということはありませんので、ここでは自分がよいと思うポートフォリオを決めるのに役立つ情報を紹介しておきましょう。

私は**シンプルに先程の8本の中から1本だけを選ぶのでもいいと思います。**どの投資信託を選んでも手数料は安くて、分散投資も十分にできています。

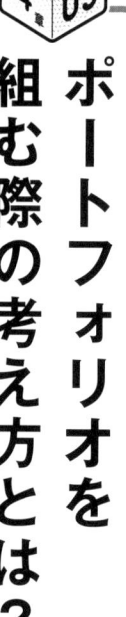

日本を除いた先進国の株式市場に投資をしたければ、ニッセイ外国株式インデックスファンド。米国株がよければ、楽天・全米株式インデックス・ファンドかｅＭＡＸＩＳ Ｓｌｉｍ米国株式。日本株式がよければ、ニッセイ日経２２５インデックスファンドか、ニッセイＴＯＰＩＸインデックスファンド。新興国の株式市場がよければ、ｅＭＡＸＩＳ Ｓｌｉｍ新興国株式インデックスを選べばいいでしょう。

株だけに集中するのは恐いという方は、三井住友・ＤＣ年金バランス50（標準型）やｅＭＡＸＩＳ Ｓｌｉｍバランス（８資産均等型）などのバランスファンドを選べば、複数の資産に分散されます。

プロはどんなポートフォリオを組んでいるのか？

それでは、参考までにここで投資のプロがどのようなポートフォリオを組んでいるかを見てみましょう。

私たちの年金の運用をしており、世界でも最大級のファンドでもある年金積立金管理運用独立行政法人（ＧＰＩＦ）の基本ポートフォリオを見てみたいと思います。

GPIFのポートフォリオ

変更前

	国内債券	国外債券	国内株式	外国株式
資産構成割合	35%	15%	25%	25%
乖離許容幅	±10%	±4%	±9%	±8%

▼

変更後

		国内債券	国外債券	国内株式	外国株式
資産構成割合		25%	25%	25%	25%
乖離許容幅	各資産	±7%	±6%	±8%	±7%
	債券・株式	±11%		±11%	

出所：年金積立金管理運用独立行政法人のホームページより

GPIFは現在170兆円もの資金を運用しています。

もともと、GPIFは国内債券、外国債券、国内株式、外国株式という伝統的な4資産に対して、35%、15%、25%、25%という比率をベースに投資をしていましたが、直近では全て25%という4等分をベースにしつつ、各資産の乖離を少しだけ許容する運用をしています。

効果的に分散をするためには、やみくもに投資先を増やすだけではなく、動きが逆になるものを組み合わせていくべきということは前述しましたが、一般的に株と債券は逆の動きをすると言われています。

そのような観点からは、バランス型の投

資信託はＧＰＩＦの運用にも似ていると言えるでしょう。

また、「ポートフォリオは一度決めたら変えてはいけない？」などといった質問をいただくこともありますが、そんなことは全くありません。ＧＰＩＦも基本的なポートフォリオの構成を変えているわけですから、私たちも変えてもいいのです。

たとえば、給与所得が長期間もらえて、かつその給与所得も上昇していく見込みがある**20代や30代は比較的リスクをとっても大丈夫でしょうから、株だけに投資する投資信託１本、または米国株式と新興国株式の２本に投資**していいと思います。

しかし、そろそろ定年を迎えたり、すでに定年を迎えたけれどももう少し資産運用を続ける必要がある場合は、それほどリスクを取れなくなってくるかと思います。

その場合は、ポートフォリオを株の投資信託だけというのは少し不安になりますよね。そういう時はバランス型に切り替えて、資産の一部を債券に切り替えるのがいいでしょう。ただし、投資信託を短期間で切り替えるのはやめましょう。それだと、コツコツ積み立てるという本書でお勧めしているつみたて投資の手法からは外れてしまいます。ポートフォリオの切り替えは数年に１回程度でいいでしょう。

第4章 10

保有資産を見直すリバランスの考え方

複数の投資信託を買っているなら

日経平均株価やS&P500などの株価指数に連動するインデックスファンドを1本買う場合は、基本的には定期的につみたて投資をしていくだけですから、特に見直しという必要はありません。

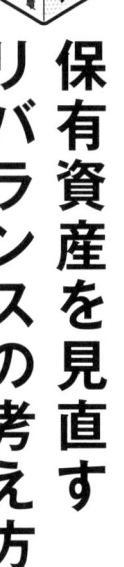

唯一あるとすれば、前の項目で紹介した通り、人生のフェーズが変わるタイミングで、バランスファンドに切り替えるなどはしてもいいかもしれません。

それでは、複数の投資信託を買って、ポートフォリオを組んでいる場合はどうしたらよいでしょうか。たとえば、先程のお勧めの8本で言えば、先進国株式と新興国株式の

リバランスの意味って？

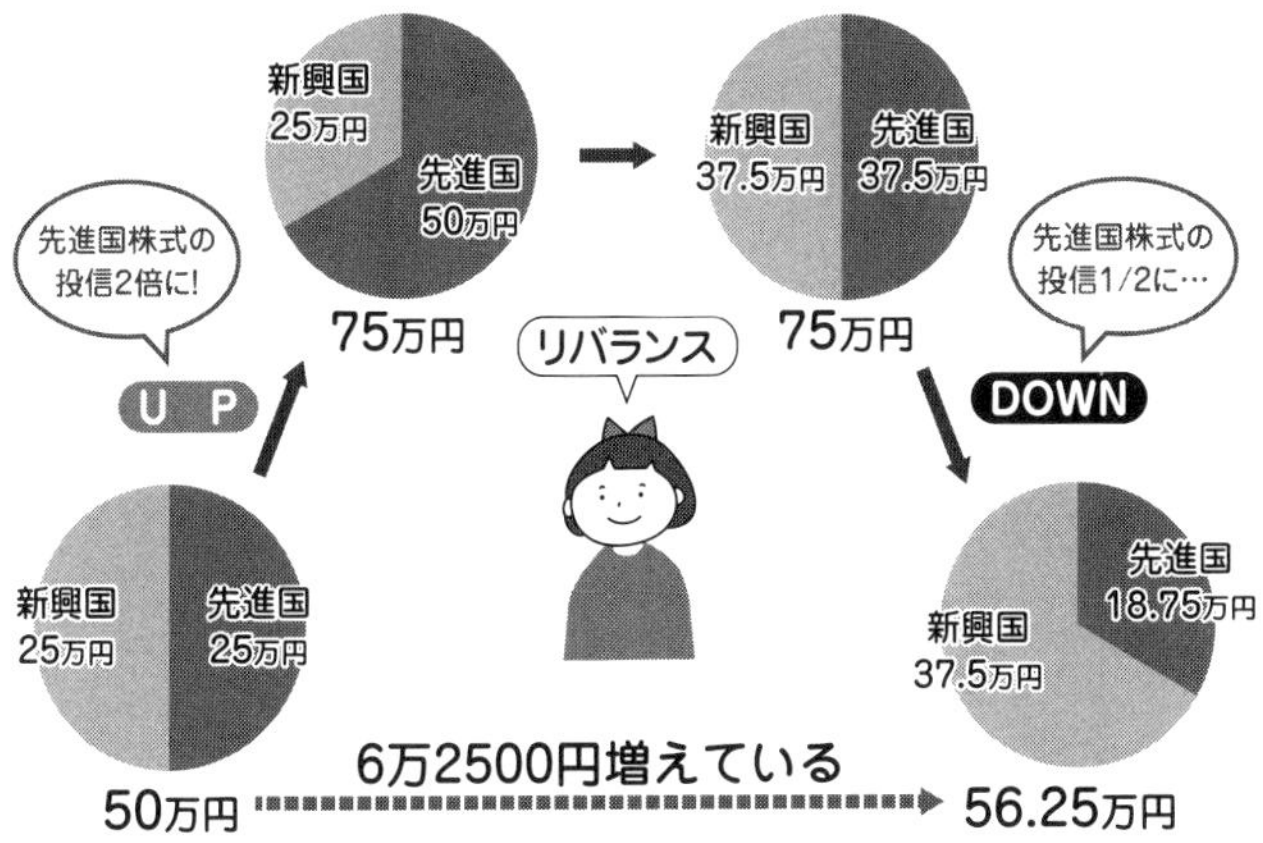

※日本証券業協会の資料を基に作成

２本を買っている場合を考えてみましょう。

今、先進国株式と新興国株式の投資信託をそれぞれ25万円ずつ買っていたとします。ポートフォリオの合計は50万円ということになります。

その後、先進国株式の投資信託の基準価額が２倍になり、一方で新興国株式のほうは全く基準価額が動かなかったとすると、先進国株式の投資信託は50万円、新興国株式の投資信託は25万円のままで合計75万円になります。

この時、何もしなければ、このポートフォリオを持っている投資家は、かなり先進国株式に投資資金が偏っていることになります。そこで、先進国株式の投資信託を12・5万円分売却し、その資金で新興国株式の投資信託を買って37・5万円ずつにして、当初の通り半々の比率に戻したとします。

その後、先進国株式の投資信託の基準価額が半分になったとします。その場合、先進国株式の投資信託が18・75万円、新興国株式の投資信託は今回も基準価額が動かなかったとすると、ポートフォリオ全体は56・25万円となり、もとの50万円よりは増えたままの状態になります。

仮に先進国株式の投資信託の基準価額が2倍になった時に見直しをしないでいたら、その後先進国株式の投資信託の基準価額が半分になったら、結局元通りになっていただけでした。

このように**ポートフォリオを見直して、増えた分を元に戻すために売却しその売却分でその他の資産を買い増していくということをリバランスと言います。**

2つあるリバランスのタイミング

それでは、リバランスはどのようなタイミングで行えばいいのでしょうか。私は2つあると思います。一つは今説明してきたように、**比率が増えすぎてきたものを売却して、その資金で他の資産を買って、ポートフォリオ全体の比率を元に戻す**方法です。

前の項目でＧＰＩＦの基本ポートフォリオの表を見ましたが、国内外の株と国内外の債券をそれぞれ25％ずつ投資するという４等分を基本としつつも、各資産に基本の比率から乖離することを許されているパーセンテージが設定されていて、そこをはみ出た場合にはリバランスを行います。

このように、自分でも基本的な比率から○％はみ出たらリバランスと決めておき、その条件に触れたら適宜リバランスをするというパターンです。

そして、もう一つは、**定期的なリバランス**。

これは人によるとは思いますが、一般的には四半期（３ヶ月）に１回か、年に１回というのが一般的とされています。本書の読者にはなるべく投資に労力を割かず、とにかく長く続けてほしいと思っていますので、複数の投資信託でポートフォリオを組む人は、**年に1回見直してリバランスする**といいのではないでしょうか。

投資信託なら1本でもバッチリ分散投資!!

第5章

長期で投資を続けるための心得

第5章 01

つみたて投資で成功する人、しない人

何よりも大事なのはずっと続けること

つみたて投資についていろいろと学んできました。いよいよ最終章です。

この章は、つみたて投資を継続させるための心得のようなものを、お伝えしておきたいと思います。

まずは「どんな人が（つみたて投資で）成功するんだろう？」ということからお話ししておきましょう。本書の読者の方は将来の資産形成をするために、つみたて投資を学んでいるのですから、自分の投資が成功したかどうかの答えが出るのは20年も30年も先のことになります。

ただこれまで多くの個人投資家の方や、個人投資家へアドバイスをするファイナン

日米の株価指数の推移（月足／2001年1月～2020年5月）

出所：Factsetのデータを基に株式会社マネネが作成

シャルプランナーやアドバイザーの方たちの話を聞いていくなかで、成功する人としない人の違いがどこにあるのかが見えてきました。

まず、最初に挙げるのはこの章のテーマでもある**「ずっと続けることが大事」**ということです。そんなこと簡単じゃないかと思うかもしれませんが、実はこれが一番難しいことなのです。

上図は日経平均株価とNYダウのここ20年間の株価推移になります。何か気づくことはありませんか？

株価指数は基本的には右肩上がりになっているということ。そして、上昇する時はジワジワとゆっくりなのに対して、下落する時はガツっと下落するということ。いかがでしょうか？

将来のことは誰にもわかりませんが、少なくともこの20年間だけに限って言えば、日米ともに株価指数は右肩上がりのトレンドですから、投資を続けてさえいれば、成功した可能性が高かったのです。

しかし、第1章の冒頭でも触れましたが、時折訪れる急落局面に多くの個人投資家は驚いてしまい、先の見えない恐怖に襲われてつみたて投資をやめてしまいます。

株価指数が右肩上がりの時は気分よくつみたて投資を続けられるかもしれませんが、右肩上がりの時というのは平均購入単価が上昇していくだけです。実は投資の成功から遠ざかっているとも言えます。

そして、実は株価指数が下落すればするほど、平均購入単価が下がっていくため、次の上昇相場になった時に成功する可能性が高くなるのです。つまり、下落局面こそつみたて投資をやめてはいけないのです。

相場の変動を気にしない

次のポイントは**「相場の変動を気にしない」**ということです。投資をしているとついつい相場の変動を気にしてしまいますし、投資をしていくなかでできた投資友だちと、相場が動いた理由を話し合ったり、これからの相場展開を話し合ったりする楽しさを実感することでしょう。

しかし、相場が大きく動き出すと、ついつい長期的な視点を忘れてしまい、目先の相場の動きに心を揺さぶられて、次第に冷静な判断ができなくなります。これは人間の精神に関することですから、投資経験が長くなれば気にならなくなるというものでもありません。

私はせっかく投資の世界に足を踏み入れるのであれば、新聞や経済学・統計学などの書籍を読んで、勉強したほうがいいと思っていますが、それはあくまで知識を蓄えましょうということであり、毎日相場を見ながら精神をすり減らすような生活には反対です。自分の知識が積み上がると、仮説とともに将来の予想を立てることができますが、その予想に基づいて投資をするのではなく、あくまで自分の予想を立てる能力を高めるために、あるいは答え合わせをするために相場を見るようにし、投資については機械的に淡々と毎月同じ金額を一定のタイミングで続けるべきでしょう。

しっかりと分散をする

先程見た日経平均株価やNYダウなどの株価指数は、複数の銘柄で構成されています。たとえば日経平均株価であれば225銘柄、NYダウであれば30銘柄によって構成されています。

複数の銘柄で構成されているわけですから、構成銘柄のうち半分が値上がりする一方で、残り半分は値下がりして、結果的に指数自体はそれほど動かないという日が多く見られます。2000年から2019年までのデータを見てみると、日経平均株価は毎年の年間騰落率の平均は3・84%の上昇となっています。

一方で、個別銘柄に目を向けてみると、1年で50%以上も株価が上がっているものもあれば、なかには2倍以上に値上がりしているものもあります。

このようなニュースを見てしまうと、ついついインデックスファンドなど買わずに、個別銘柄に投資して一発当ててやろうと思ってしまいそうですが、何も知識がないまま個別銘柄に手を出すのはギャンブルになってしまいます。1年で50％値上がりする銘柄がある一方で、50％値下がりする銘柄があるのも事実です。そして、自分だけは値上がりする銘柄を見抜くことができるなどという都合のいい話はありません。

老後資金のために運用しているお金を、うまくいけば儲かるが、失敗したら多額の損失を被るというギャンブルに使ってはいけません。

じれったさはあるかもしれませんが、派手なニュースに惑わされることなく、しっかりと**投資先を複数に分散**できる投資信託を活用してコツコツ積み立てましょう。

無駄な手数料を払わない

本書では何度も「将来のことは誰にもわからない」と書いてきました。しかし、投資を始める前から確実にわかることがあります。それは手数料です。

この投資信託を買う時にいくら手数料がかかるのか（買付手数料）、保有している間にどれだけ手数料がかかるのか（信託報酬）、売る時にどれくらい手数料がかかるのか（信託財産留保額）。今は法律上、事前に全ての手数料は開示しなければいけなくなっています。手数料は投資をする際には確実にかかってくるものですから、**リターンに対してマイナスな要素である手数料を極力払わないようにする**ことは重要です。

手数料だけが商品を選ぶ際のポイントではありませんが、買付手数料がかからないノーロードと呼ばれる投資信託で、かつ信託報酬が低く、信託財産留保額がかからないものを優先して選びましょう。

レバレッジをかけない

最近は投資信託の中でも、レバレッジがかかっているものが証券会社のランキングで上位にくる傾向があります。

レバレッジとは、「てこの原理」の「てこ」からきている言葉で、少しのお金でその数倍の投資をすることによって、投資成績を増幅させる仕組みのことを言います。

このレバレッジ投資信託が人気の理由は、ひと言で言えば一瞬で多額の利益を出せる可能性があることでしょう。

たとえば、１日で５％日経平均株価が上昇した日に、「日本株４・３倍ブル」という投資信託を買っておけば、１日で約22％も投資資産が増えるのです。

しかし、気を付けなければいけないのは、その逆も起こり得るということです。そして、これらの**レバレッジ投資信託は商品の性質上、保有期間が長くなれば長くなるほど減価していくので、長期保有には適しません。**

本書の読者には縁遠い商品だと私は考えます。

第5章 02

積立額の増やしどころの判断はどうすればいい？

最初に考えるのは無理がない金額設定

たとえば、25歳からつみたて投資を始めて、65歳まで40年間つみたて投資をするとしましょう。会社員や公務員であれば、基本的には少しずつ給料は上がっていくと考えられます。そうすると、つみたて投資を始めた頃に設定した毎月の投資額が、ある時点からは少なく感じてしまうかもしれません。

では、つみたて投資の1回ごとの金額はどのように設定すればいいのでしょうか。

まず、そもそもいくらからつみたて投資を始めるか。最初の設定がとても重要です。最初の設定金額を誤ると、残念ながら長期で保有するというつみたて投資の絶対条件を満たせなくなってしまいます。

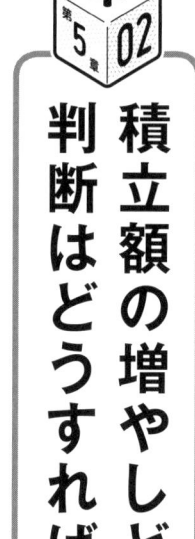

単独世帯の家計収支（2019年）

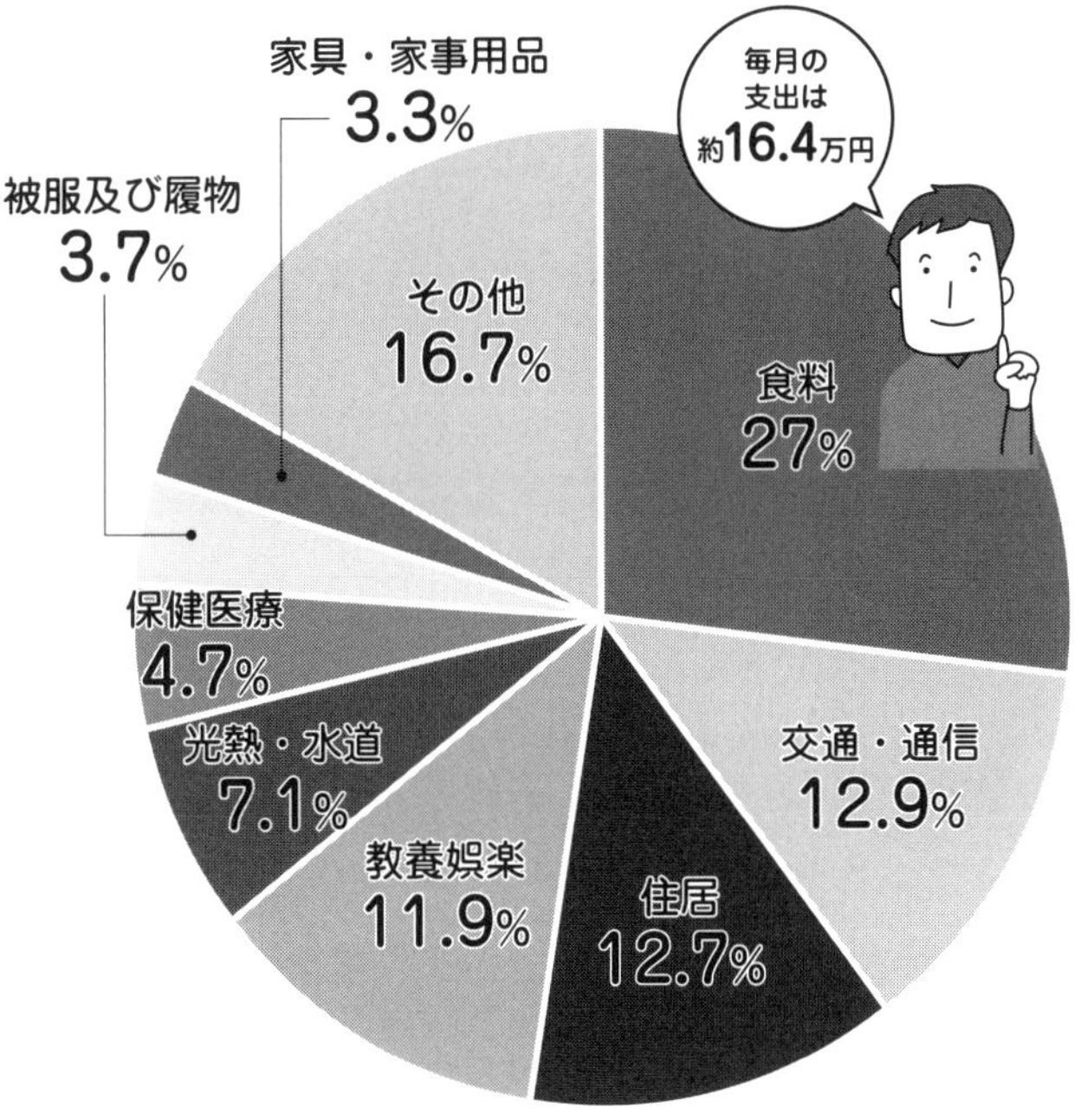

出所：総務省統計局『家計調査（家計収支編）―令和元年―』

国税庁が発表した「民間給与実態統計調査結果」によると、2018年の平均給与は371・6万円となっています。月収に直すと約31万円で、社会保険料などを考慮すると手取りは26万円ぐらいになるでしょう。

そのうち、総務省統計局が発表している『家計調査』によると、単身世帯は約16・4万円を毎月支出しています。その支出内訳をグラフにしたものが前ページの図です。手取りが約26万円で、消費支出が16・4万円ですから、差し引くと9・6万円が残ります。これを全てつみたて投資に充てるわけにはいかないでしょう。

さすがに、将来のための資産を全て投資に回すというのも危ないので、4万円を貯金、3万円を投資、残りの2・6万円は非常時のことも考えて現金で持っておく。これぐらいのバランスがちょうど無理のない配分ではないでしょうか。ちなみに、**毎月3万円であれば、つみたてNISAの年間上限額の40万円にも収まります。**

つみたて投資を始める際に、自分でエクセルを使って、「毎月いくら投資して、年率○%で○年運用すると〜」と皮算用をするかと思います。

そうすると、毎月の投資額が多ければ多いほど複利の効果を得られますから、ついつい毎月の投資額を増やしたくなってしまうものですが、無理があっては長続きしません。くれぐれも無理のない範囲を心掛けましょう。

よくある間違い①

相場の変動にあわせて積立額を変更するという人を見かけますが、これは間違っています。相場が下がった時に投資額を増やすというのは非常に理にかなった投資法のように思えますが、そこには大前提があります。その後に相場が上昇するということです。

しかし、本書では何度も書いてきたように、誰にも将来を予想することはできません。つまり、相場が下がった時に投資額を増やすという行為が正当化されるのは、将来が予想できている時だけということになります。

将来が予想できないからこそ、自分の予想や感情を完全に排除し、機械的に投資することをつみたて投資では勧めているわけですから、相場の動きに合わせて裁量的に投資額を変更するのはやめましょう。

よくある間違い②

次に**ボーナスが入った際に、その一部を投資額に追加する**という人も見かけますが、これも間違っています。たとえば、毎月3万円を積立額として設定していて、ボーナスが入った月だけ5万円を上乗せして投資額を増やしたとします。

本人には臨時収入が入ったから追加投資したという認識しかないかもしれませんが、その行為は「よくある間違い①」で指摘したことと実は同じなのです。相場が下がったから一時的に投資額を増やすというのと同じということです。

もしボーナスの一部を投資したいのであれば、せめて12で割って、毎月の投資額に上乗せすればいいでしょう。

そうすることで、タイミングを計らずに機械的に投資をするという行動が、少なくともボーナスが入った月から1年間は実行できることになります。

大きな節目での変更のみＯＫ

とはいえ、25歳と45歳の時点を比較すれば、所得も貯蓄も差があり、25歳の時に設定した金額だと物足りなくなってしまうでしょう。そこで、大きな節目の時のみ変更をするといいと思います。

たとえば、転職をして年収が大きく上がった時や、結婚した時など、人生における転換点で設定金額を再考しましょう。

絶対に避けてほしいのは、なんとなく設定金額を決めることです。特に、今月は生活でお金が必要だから積み立てを１ヶ月止めたり、今月は余裕があるから投資額を増やそうなどと、自分の都合で投資金額をコロコロ動かすのは最悪なパターンです。

第5章 03

リスクとの付き合い方と複利の魅力を理解する

「リスク」の本当の意味は？

「それはリスクがあるから、やめたほうがいいよ」

こんなふうに、日本人の多くはリスクという言葉を危険というニュアンスで使うことが多いと思います。しかし、投資の世界ではリターンの振れ幅をリスクという言葉で表します。たとえば、「この商品はリスクが大きい」と言うと日本人の感覚としてはすごく危険な商品で、損をしてしまいそうな印象を受けるかもしれません。でも、投資家的にこれを言えば、「正確には大きな損が出る可能性もあるし、一方で大きなリターンを得ることができるかもしれない」ということになるのです。

正しい「リスク」の意味がわかると、**リスクとリターンは表裏一体**であるということ

リスクのとらえ方

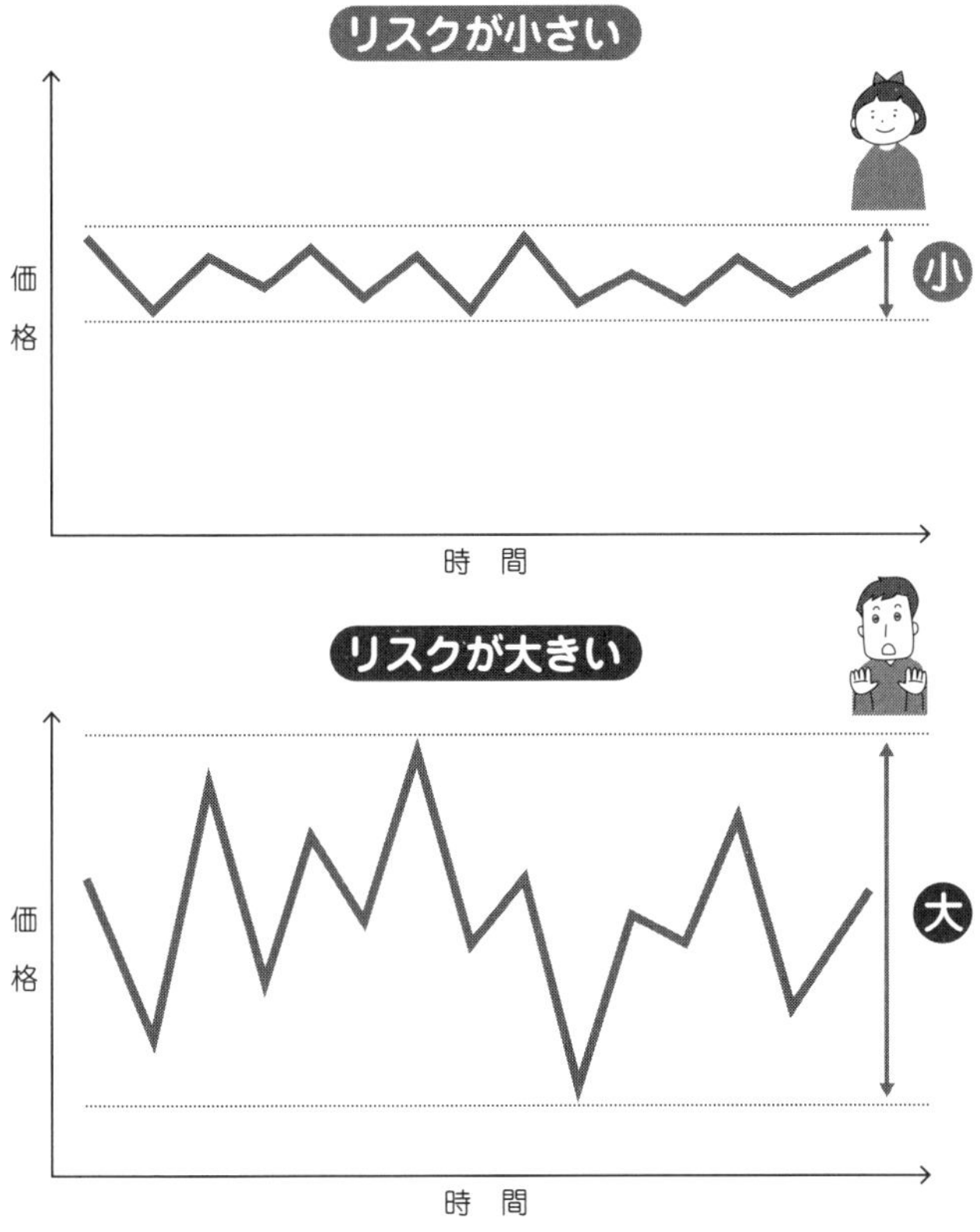

一般 ＞リスク大 ➡ すっごく危険

投資 ＞リスク大 ➡ 大きく損する可能性もあるし、
大きくリターンを得る可能性もある

※日本証券業協会の資料を参考に作成

がわかったかと思います。これを金融商品に置き換えてグラフ化したものが左図です。

当然ですが、預貯金が一番リスクは低くなります。銀行に預けている限りは減ることはありません。しかし、利子もほぼないようなものです。俗にいうローリスク・ローリターンということです。債券は価格が変動しますが、満期まで持っていれば元本が返ってきます。その間は金利収入があるわけですから、預貯金よりはリターンが高いのです。株になると上場廃止で紙くずになってしまうこともあれば、1年で2倍になることもあります。ハイリスク・ハイリターンですね。

基本的にはリスクとリターンは図のように右肩上がりの直線の関係にあります。この基本原則を覚えておくと、投資以外のことにも役に立ちます。それは、詐欺から身を守れるということです。**残念ながら日本では毎年400億円近くのお金が特殊詐欺（オレオレ詐欺や投資詐欺など）によって奪われています。**

だいたい、**詐欺というのはローリスク・ハイリターンの話を持ち掛けてきます**が、このリスクとリターンの関係が頭に入っていれば、そんな美味しい話があるわけがないと気付くことができるでしょう。

金融商品のリスクとリターン

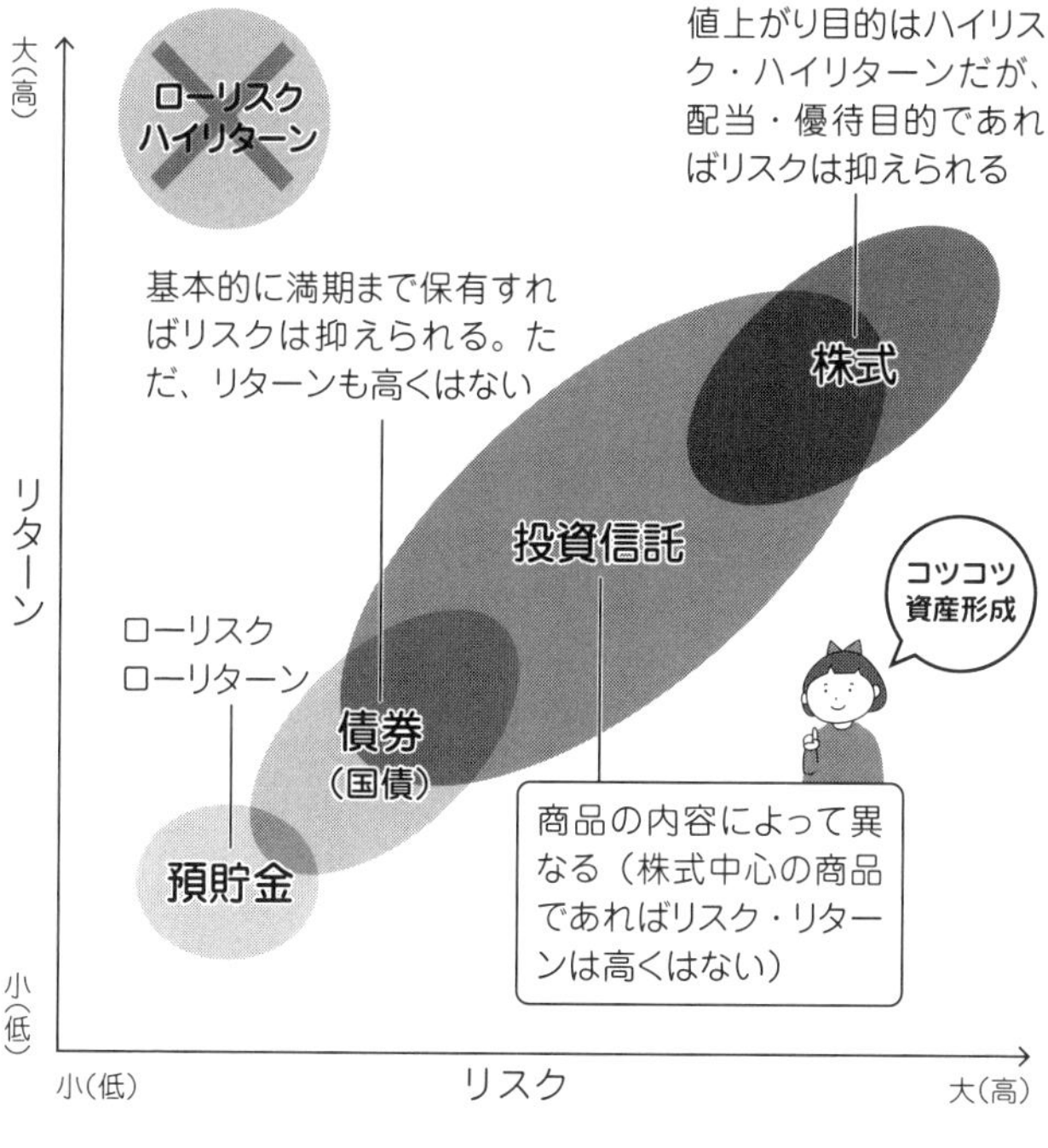

※これは一般的なイメージ図であり、全ての金融商品が当てはまるものではない。
※日本証券協会資料を参考に作成

複利の力を理解しているからこそ

リスクとの付き合い方を理解しておくと同時に、複利の魅力を理解しておくことも、投資を長期で続けるためには必要です。

本書の中では投資を〝つみたて〟で長く続けることの重要性について繰り返し書いてきましたが、相場が波を打って動くのを見続けていると、実はその単純なことが一番難しいのも事実です。日経平均やNYダウなど日米の株価指数がこの20年くらいは右肩上がりの傾向にあるという事実があったとしても、それはあくまで過去の話であって、コロナショックのように予期せぬ事態は今後も起こるでしょうから、やはり将来を予測するというのは非常に難しいことなのです。

そんな私たちの折れそうな心を励ましてくれるのが〝複利の力〟です。

複利の魅力は、相対性理論を発見し、天才と言われるアルバート・アインシュタイン博士も人類最大の発明と称賛するほど。この魅力を理解していれば、投資を長期で続ける勇気もおのずと湧いてきます。

複利は5年過ぎから効いてくる

すでに紹介したように「複利」があれば「単利」もあります。

次ページのグラフは、投資元本を１００万円として毎年５％の運用利益が繰り返される前提で30年間投資を続けた場合の、単利と複利をわかりやすく比較したものです（税金や手数料も考慮していません）。グラフを見ると30年後には約１６７万円も差がついています。もともとの投資元本が１００万円ですから、それ以上の差が開いていることになります。

もちろんこれは、あくまで皆さんに複利のイメージを持ってもらうためにシミュレーションしたものですが、**注目してほしいのは最初の5年間。単利も複利もそこまで大きな差はないものの、そこから徐々に差が広がっていくということです。**

毎年発生した利益を引き出して運用しても、複利とそこまで変わりません。投資になれないうちは、結果が出にくく、ましてや相場が下落したりすると簡単にあきらめてしまいがちですが、長期投資で力を発揮する複利の力を理解していれば、投資を続ける勇気も湧いてくるというものです。

単利と複利の違い

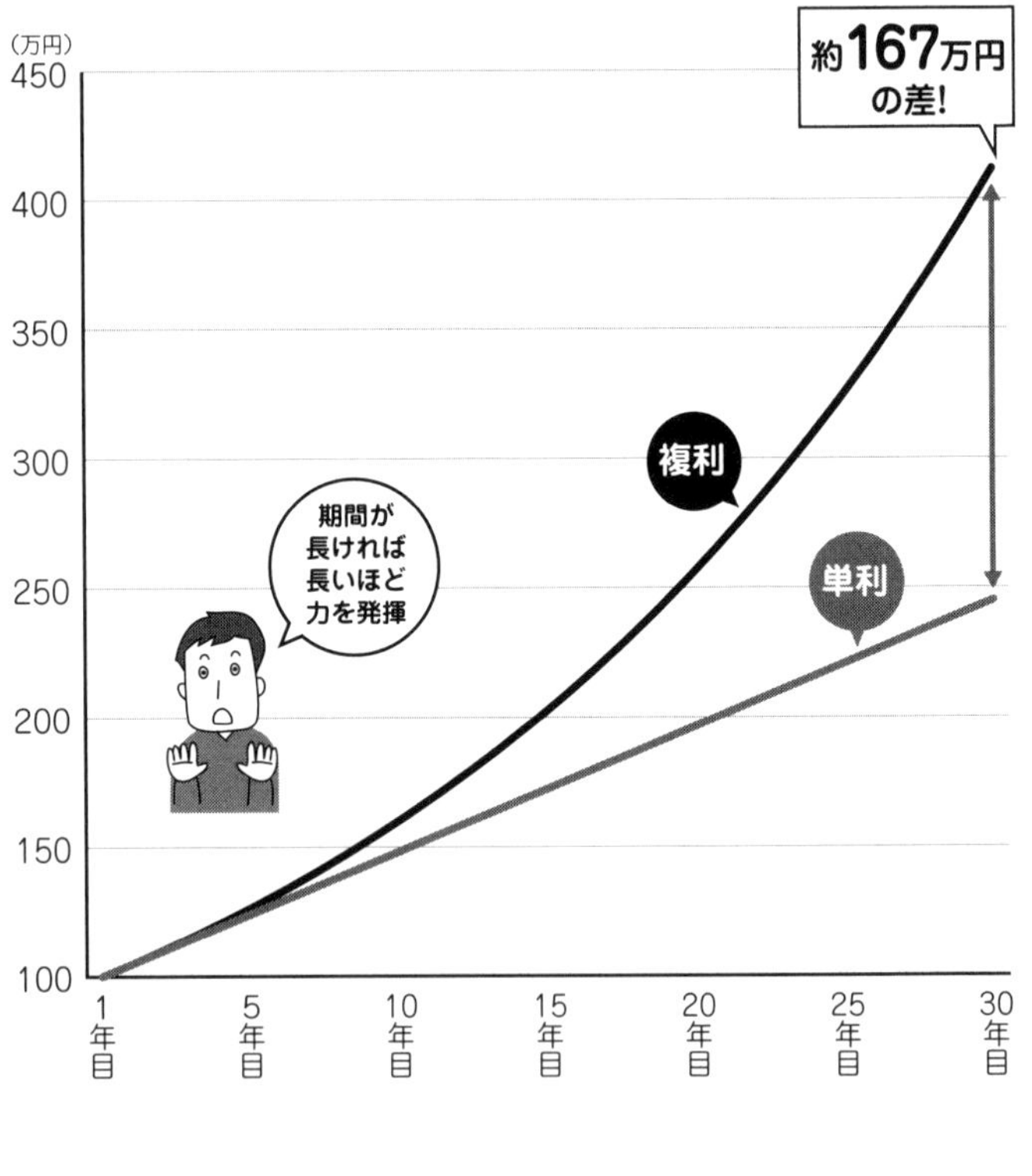

約167万円
の差!
(万円)
450
400
350
300
250
200
150
100
複利
単利
期間が
長ければ
長いほど
力を発揮
1年目
5年目
10年目
15年目
20年目
25年目
30年目

第5章 04

築いた資産の使い方にも明確なルールを！

寿命が延びたことによる不都合

つみたて投資を始めるということは、いつか終わりがくるということでもあります。老後資産を形成するために投資をするわけですから、老後になったらその資産を今度は取り崩す必要があります。しかし、その**取り崩し方もしっかりと学ばないと、老後になってお金に困ることになります。**

今から30年から40年前を考えてみてください。退職金がしっかりと出て、年金もしっかりともらえる時代でした。まだ定年が60歳、平均寿命も80歳ぐらいだったので、定年までしっかりと働いてさえいれば、資産運用をそこまでやらなくても老後は安心して生きていけたでしょう。

しかし、前述の通り、現在は「人生１００年時代」を迎えようとしています。

一方で、退職金も年金も30年前、40年前のようにはもらえないでしょう。そうなると、やはり早くから資産運用を始めないと、老後に経済的な問題に直面することになります。そして、寿命が延びたことによって生じた不都合は、定年のタイミングで資産運用を終えて資産を取り崩すということではなく、定年後もしばらくは運用を続けないと厳しいということです。

ポートフォリオの変更でリスクを少しずつ抑える

日本でも買うことができますが、米国では多くの投資家が買っているターゲット・イヤーファンドという投資信託があります。

この投資信託は自分が定年になる年に向けて、投資資産の中で株が占める比率を徐々に下げていき、その代わりに債券の比率を上げるようにファンドマネージャーが代わりに運用してくれる投資信託です。

株の比率を下げていき、債券の比率を上げるということは、ポートフォリオ全体のリスクを徐々に下げていくということです。

本書でお勧めした８本の中には債券だけに投資する投資信託は入っていませんでしたが、その場合はバランスファンドにも投資して、その比率を調整して代替してもいいかもしれません。

ターゲット・インカムという考え方

このターゲット・イヤーファンドの考え方は、どちらかというと30年から40年前のように、定年のタイミングで資産運用をやめていい人向けのものです。

これからの時代は定年になってからもしばらくは運用しなくてはいけません。そうなると、どれぐらいの金額を引き落としながら運用を続ければいいのか、という疑問が出てくると思います。

こちらも日本でも少しずつ商品として提供されるようになりましたが、**ターゲット・**

インカムファンドという投資信託があります。この投資信託の考え方をここで紹介しておきましょう。

この投資信託の運用方法は、3%を払い戻すと決めたら、運用して出た利益部分から3%を払い出します。しかし、運用をして必ず利益が出るわけではないですから、その場合は投資元本から3%払い出します。

わかりにくいかもしれないので、具体的な数字を使ってみましょう。

積み上げてきた投資金額が500万円になっていた場合、その3%ですから、1年間で15万円を取り崩します。

年金と同じように2ヶ月に1回配当として投資資産を取り崩すとすると、15万円を6で割り2万5000円ですから、2ヶ月に1回2万5000円を配当します。

投資資産の500万円が運用の結果2ヶ月後に510万円になっていたら、そのタイミングで投資で増えた10万円の中から2万5000円を払い出し、仮に運用の結果2ヶ月後に495万円になっていたら、そこから2万5000円を払い出すという方法です。

ターゲット・インカムファンドの例

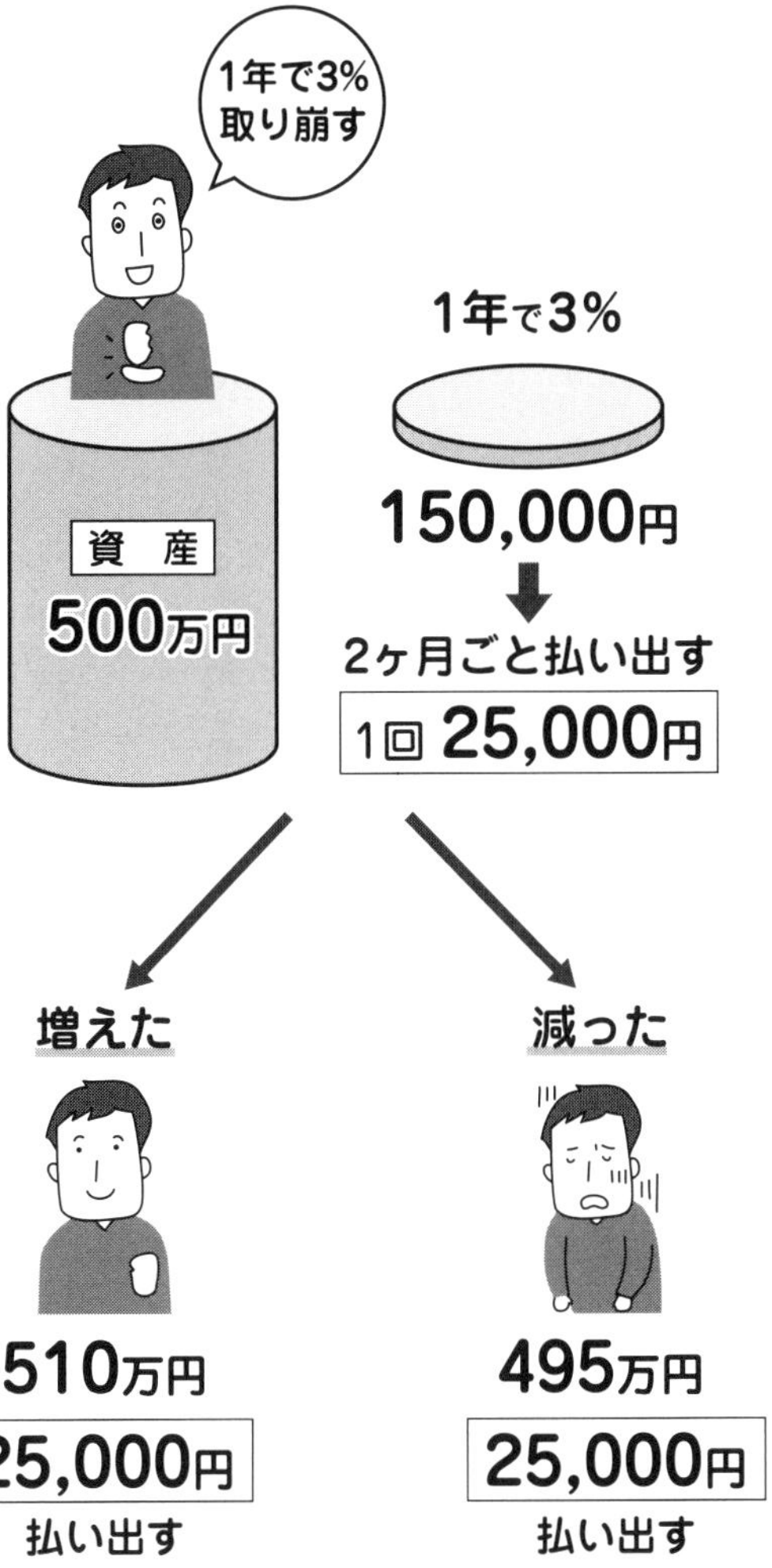

定額じゃなくて、定率で引き出す

人というのはあらかじめ、しっかりとルールを決めておかないと、相場の動きや周りの環境に影響されがちですので、投資資産の取り崩しも明確なルールを定めておくことが無難だと思います。

その際に、一つ注意しておきたいのは**取り崩しの金額を定額ではなく、定率で決めておきましょう**、ということです。運用をしながら取り崩しを始めた時期に、相場が数ヶ月の下落相場に突入してしまったとします。定額で引き出していると、相場の動きに関係なくひたすら決まった額を取り崩してしまいますが、定率であれば投資資産が相場の下落によって少なくなるのにつれて、取り崩し額も少なくなります。

そして、下落相場が終わり上昇相場に転換した際、前者はその恩恵を受けられる投資資産がかなり少なくなってしまっていますが、後者であれば上昇相場の恩恵を受けられますし、上昇によって投資資産が増えていけば、それに乗じて取り崩せる金額も増えるのです。人によって取り崩さなくてはいけない率は違うかもしれませんが、物価の上昇率や自分の貯金や年金の額を考慮して、3％や6％など自分のルールを決めましょう。

あとがき

最後まで『いちばんカンタン　つみたて投資の教科書』を読んでいただき、ありがとうございました。読んでみた感想はいかがでしたか？

なるべく難しい言葉や数式は使わないようにしつつ、「つみたて投資」に関わる全てのことを網羅的に書いてみました。読んでみた結果、「わかりやすかった」という感想を持っていただければうれしく思います。


本書の中でも書いたように、日本では少しずつ投資文化が根付き始めていることもあり、すでに世の中には数多くの投資に関する本が溢れています。そのようなかで、本書を手に取っていただいたことにまず感謝申し上げます。

ただ、すでに本書以外の投資に関する本を読んだことがある方もいれば、これから読むという方もいるでしょう。本書でもＮＩＳＡやｉＤｅＣｏといった制度や、ドルコスト平均法などの投資法を説明していますが、いずれも私の独自の考え方ではなく、あくまでに世にあることを説明しただけなので、この点では特に他の書籍との違いはなかったかもしれません。

本書が他の書籍と大きく違う点は、投資関連の書籍にもかかわらず、メンタルや行動に関する記載が多いことかもしれません。

何度も繰り返し書いてきましたが、「将来のことは誰にもわからない」や「投資をしたからといって、絶対に儲かるわけではない」という当たり前のことが、既存の投資関連の書籍には意外と書かれていません。

それはそうでしょう。専門家を名乗っておきながら、将来の予想はできないということは自身の権威を落とすことになりますし、投資を後押しする書籍であれば投資をすると儲かると思わせたほうがいいからです。

しかし、「大事なお金を投資に充てようという皆さんには真摯《しんし》に向き合いたい」という想いから、あえてこのような話を積極的に何度も書かせていただきました。

また、具体的な投資手法を多く書かずに、どちらかというと「とにかく続けよう」ということや、「相場を気にしないようにしよう」という精神論のような話が多かったのも本書の特徴かもしれません。

専門家なら投資手法など技術を教えろというお叱りの声もあるかもしれませんが、私の考えの根底には「将来のことは誰にもわからない」というものがあります。いくら技術を駆使したとしても、必ず儲かるかどうかはわかりません。

ただ、少なくともこの数十年間のデータを基に考えれば、売買を繰り返したり、タイミングをはかって一括投資をしたりするよりは、コツコツと「つみたて投資」をしていたほうが、投資にリソースを割くこともなく資産形成ができたという背景が本書にはあります。

多くの方にとっては、将来の資産形成をするために投資の世界に足を踏み入れるだけであって、人生の多くを投資に捧げるつもりはないという状態かと思います。私は金融や経済に非常に強い興味があるため、人生における多くの時間を研究や調査に充てていますが、それは本当に興味がある人だけがやればいいのです。

本来であれば、趣味や仕事、家族・友人との時間を大事にすべきであり、あくまで投資は人生の脇役であるべきです。

そのような考え方からすると、「つみたて投資」というのは単に投資の王道というだけでなく、多くの方にとって最適な投資法と言えるでしょう。

本書が皆さんの投資ライフのベースとなる考え方の一部になれたら筆者としてこれ以上の喜びはありません。

あらためて、数ある投資関連の書籍のなかから本書を選び、最後までお読みいただいたことに御礼を申し上げます。

森永康平

【著　者】

森永康平（もりなが・こうへい）

金融教育ベンチャーの株式会社マネネCEO、経済アナリスト。

証券会社や運用会社にてアナリスト、ストラテジストとしてリサーチ業務に従事。その後はインドネシア、台湾、マレーシアなどアジア各国にて法人や新規事業を立ち上げ、各社のCEOおよび取締役を歴任。現在は複数のベンチャー企業のCOOやCFOも兼任している。日本証券アナリスト協会検定会員。

著書に『MMTが日本を救う』（新書／宝島社）や、父・森永卓郎との共著『親子ゼニ問答』（新書／KADOKAWA）がある。

twitter：@KoheiMorinaga

STAFF

●巻頭ページ
編集：野村佳代（株式会社アスラン編集スタジオ）
イラスト：吉村堂（株式会社アスラン編集スタジオ）
デザイン・DTP：佐藤純（株式会社アスラン編集スタジオ）

●本　文
編集協力：田島靖久
デザイン・DTP：辻井知（SOMEHOW）

いちばんカンタン
つみたて投資《とうし》の教科書《きょうかしょ》

〈検印省略〉

2020年 7 月 26 日 第 1 刷発行
2021年 11 月 18 日 第 5 刷発行

著 者――森永 康平（もりなが・こうへい）
発行者――佐藤 和夫

発行所――株式会社あさ出版
〒171-0022 東京都豊島区南池袋 2-9-9 第一池袋ホワイトビル 6F
電 話 03 (3983) 3225（販売）
03 (3983) 3227（編集）
F A X 03 (3983) 3226
U R L http://www.asa21.com/
E-mail info@asa21.com

印刷・製本 (株) シナノ

note http://note.com/asapublishing/
facebook http://www.facebook.com/asapublishing
twitter http://twitter.com/asapublishing

ISBN978-4-86667-222-9 C2034